不要害怕當傻瓜

有膽識，才不會礙事

> 不要害怕當傻瓜，只要相信自己，勇往直前，就一定可以做到。

Don't Be Afraid Fool

CLAP
CLAP

我們想跨越某種障礙，達成某種程度的突破，
需要的是一股傻瓜的膽識！

正面思考：63

不要害怕當傻瓜：有膽識，才不會礙事

編　　著：汪凱德
出版者：大拓文化事業有限公司
執行編輯：林美娟
美術編輯：蕭佩玲

總經銷：永續圖書有限公司
劃撥帳號：18669219
地　　址：22103 新北市汐止區大同路三段一百九十四號九樓之一
TEL (〇二)八六四七─三六六三三
FAX (〇二)八六四七─三六六〇
E-mail：yungjiuh@ms45.hinet.net
網　　址：www.foreverbooks.com.tw

CVS代理：美璟文化有限公司
TEL (〇二)二七二三─九九六八
FAX (〇二)二七二三─九六六八

法律顧問：方圓法律事務所　涂成樞律師

出版日◇二〇一六年十月
Printed in Taiwan, 2016 All Rights Reserved
版權所有，任何形式之翻印，均屬侵權行為

大拓　Talent Tool

永續圖書 網上購物網
www.foreverbooks.com.tw

國家圖書館出版品預行編目資料

不要害怕當傻瓜:有膽識，才不會礙事/汪凱德 編著.
　--初版. --新北市：大拓文化, 民105.10
　　面；　公分. --（正面思考；63）
　　ISBN 978-986-411-041-4(平裝)
　　　1.修身 2.生活指導

192.1　　　　　　　　　　　　　105015363

Chapter 01
神閒氣靜，智深勇沉
——悲喜兩極你的心

Chapter 02
君子以慎言語
──把話說到心坎上

Chapter 03
雖千萬人，吾往矣
——我就做我自己

Chapter 04

言不信者，行不果

——生命有期，信義無價

神閒氣靜，智深勇沉
悲喜兩極你的心

不要害怕當傻瓜，只要相信自己，
勇往直前，就一定可以做到。

Don't **B**e **A**fraid **F**ool

CLAP
CLAP

修煉一流的劍術

　　歐瑪爾是英國歷史上唯一留名至今的劍手。他有一個勢均力敵的對手，與他鬥了三十年仍不分勝負。在一次決鬥中，對手從馬上摔下來，歐瑪爾持劍跳到他身上，一秒鐘內就可以殺死他。但對手這時做了一件事——朝他臉上吐了一口唾沫。歐瑪爾停住了，他對敵手說：「咱們明天再打。」敵手糊塗了。

　　歐瑪爾說：「三十年來我一直在修煉自己，讓自己不帶一點怒氣作戰，所以才能常勝不敗。剛才你吐我唾沫的瞬間，我動了怒氣，這時殺死你，我就再也找不到勝利的感覺了。所以，我們只能明天重新開始。」

　　這場爭鬥永遠也不會開始了，因為那個對手從此變成了他的學生，他也想學會不帶一點怒氣作戰。

【學做人】

　　一流的劍術通常是心態的修煉。因為心態的修煉要難於劍術的修煉。情緒不能自控一旦成了習慣，就會使人精神錯亂，還談什麼取勝之道。

把你的心從桿上撐過去

有位撐桿跳選手，一直苦於無法超越一個高度。他失望地對教練說：「我實在是跳不過去。」

教練問：「你心裡在想什麼？」

他說：「我一衝到起跳線時，看到那個高度，就覺得我跳不過去。」

教練告訴他：「你一定可以跳過去。把你的心從桿上撐過去，你的身子就一定會跟著過去。」

他撐起桿又跳了一次，果然一躍而過。

【學做人】

要讓你的身子過去，先把你的心從桿上撐過去。教練說的好：一個人最難克服的是心理障礙，如果你相信自己，就一定可以做到。先修煉心態，再修煉技術。

難得糊塗

鄭板橋在濰縣做官時題過幾幅著名的匾額，其中最為膾炙人口的是「難得糊塗」這一塊。

據考，「難得糊塗」這四個字是鄭板橋在山東萊州的雲峰山寫的。那一年鄭板橋專程至此觀鄭文公碑，因盤桓至晚，不得已借宿於山間茅屋。屋主為一儒雅老翁，自命糊塗老人，出語不俗。他室中陳列了一方桌般大小的硯台，石質細膩，鐫刻精良，板橋大開眼界。老人請板橋題字以便刻於硯背。板橋以為老人必有來歷，便題寫了「難得糊塗」四個字，用了「康熙秀才雍正舉人乾隆進士」方印。

因硯台過大，尚有餘地。板橋說老先生應寫一段跋語，老人便寫了「得美石難，得頑石尤難，由美石而轉入頑石更難。美於中，頑於外，藏野人之廬，不入富貴之門也。」他用了一塊方印，印上的字是「院試第一，鄉試第二，殿試第三。」板橋大驚，知道老人是一位隱退的官員，細談之下，方知原委。

有感於糊塗老人的命名，板橋當下見還有空隙，便

也補寫了一段：「聰明難，糊塗尤難，由聰明而轉入糊塗更難。放一著，退一步，當下安心，非圖後來報也。」

這就是「難得糊塗」的由來。

【學做人】

做任何事情，拿得起放得下，堪稱悟透了人生。聰明的人往往拿得起放不下，身枯力竭仍在拚命。難得糊塗，方是人生佳境。

換個角度，就會更加突出

有一位老人對他的兩個兒子說：「你們的年紀也不小了，該到外面去見見世面了，等你們磨練夠了之後，再回來見我吧！」

於是，兩個兒子遵從父親的囑咐，離開家鄉到城市裡開開眼界。沒想到才過了幾天，大兒子就回家了。

老人看到大兒子回來，有些驚訝地問他說：「怎麼回事？你怎麼這麼快就回來了呢？」

大兒子很沮喪地回答：「爸爸，你不知道，城市的物價實在高得太可怕了！連喝水都必須花錢買，在那裡怎麼生活得下去呢？很多人賺的錢都沒有花的多呢！」

過了幾天，二兒子打了一通電話回來，興奮地對父親說：「爸爸，城市裡到處都是賺錢的好機會！連我們平常喝的水都可以賣錢！我決定留在這裡好好地開創一番事業。」

過了幾年，因為二兒子看準了城市中飲用水的商機，並且掌握了大部分礦泉水和蒸餾水的行銷管道和市場，所以很快地佔領了水的市場，成為數一數二的富豪。

【學做人】

任何地方都會有市場存在，只是你能不能看到這個市場的潛在需求到底在哪裡。

有句俗話說：「樂觀的人，可以在每個憂患中看到機會；但悲觀的人，卻只能在每個機會中只看到憂患。」

商機是無所不在的，只要換個角度、換個心態，你就能看到別人所看不見的商機，掌握需求，你就可以異軍突起。

與其認賠了事，不如加倍投資

　　王老先生喜歡與人為善，十分熱心助人，因此在商場上結交了不少朋友，一直到他退休之後，家裡依然人來人往，客人絡繹不絕。

　　一次，有位商人向王老先生借了一筆錢，準備從事布料進出口的貿易，沒想到才剛起步，卻碰上了颱風大淹水，剛買回來的布料還來不及入倉，就已經泡水了，只能以廉價出清，賠了一大筆錢。

　　商人無路可走，只好把事情一五一十地告訴王老先生，請他再幫一次忙。老先生不僅沒有向商人逼債，還慷慨解囊，再次借了一筆錢給這個商人，好讓他可以重新開始。

　　商人有了上一次的經驗之後，做起事來更為得心應手，也更謹慎小心，不但把上次賠的錢賺了回來，還建立了良好的事業基礎，對王老先生懷著一輩子的感激。

　　事後，有人相當好奇的問：「王老先生，你手頭也沒剩下多少老本了，難道不怕借出去的錢要不回來？你肯這樣一借再借，到底是為什麼？」

　　老先生笑著說：「就是怕借出去的錢收不回來，所以才更應該再借錢給他啊！如果我只是袖手旁觀，他怎麼會有錢還我呢？既然他是個人才，我不如好人做到底，再幫他一把，事情才可能會有轉機啊！」

【學做人】

　　在投資上能大有斬獲的人，經常都具有不服輸的精神，遇到挫折時，並不輕易認賠了事，而是審時度勢後看準時機，加碼投資以扭轉局勢，最終反敗為勝。

　　投資如是，做人也如是，如果情況已經壞到不能再壞，那麼何妨孤注一擲，期待它能好轉呢？即使會遭遇更大的損失，至少也能讓你看清楚某個人或某件事，何嘗不是收穫一樁？

　　當然，做人也和投資一樣，要睜大雙眼，切勿輕舉妄動，盲目的嘗試只會換得盲目的失敗，謹慎思考才是解套的最佳方法。

生命有限，意義無窮

有一位六十七歲的老人家，正在研究一條南美的毒蛇。就在這個時候，毒蛇突然驚醒，冷不防咬住了老先生的手。老先生立即感到一陣頭暈與噁心，他知道死亡即將降臨，便即刻打開日記本，記錄下自己臨死前的所有感覺。

他努力地寫下：「胃部劇痛、身體感到燥熱、耳鳴、眼皮疼痛……」

從日記本上的字跡可以知道，老先生是在多麼痛苦的情況下，寫下這些劇烈顫抖的字。

日記上的最後幾句是：「當血從鼻子和嘴裡流出來時，所有的疼痛感也消失了，然而四肢卻變得軟弱無力，我想，腦袋開始充血了。」

這個老先生正是美國著名的動物學家卡爾·史密特博士。直到臨死前，他仍然努力地要將研究報告完成，並用自己的生命，寫下了這份醫學研究史上獨一無二的資料。

【學做人】

「前人種樹，後人乘涼」，這是老祖宗愛護後代子孫的做法，胼手胝足無悔地付出，只為了讓你我享受今日的美好生活。

那今日的我們又是如何呢？

科技進步了，人與人之間的距離也遠了，人們主觀的意識加強，只挑利己的事做，將前人努力種植的樹木砍伐精光，自私地只想到當下的自己，忘了前人努力傳承的目標。樹被砍光了，我們看不見新生的樹苗，人們生活的進步似乎與心智成長形成強烈的反比。

當史密特博士用生命換來珍貴的醫學資料時，我們是否也該醒悟，人類的價值不在個人而是全體，這其中包含了過去、現在與明日的生命。

用更寬容的心境面對週遭的人事物吧！當你開始用這樣的態度面對生命時，你才能感受到生命的無限與無價！

自我節制，
是邁向成功的第一步

有一個商人，在商店的櫥窗上貼了徵人廣告：「誠徵一位能自我克制的年輕人，薪水每星期六十美元。」

這個特別的徵人廣告在小鎮裡引起了討論，也引來了眾多躍躍欲試的求職者，但是每個來求職的人都要經過一個特別的考試。

商人要求求職者必須在他的辦公室裡，毫不間斷地朗讀一段文章。可是，在閱讀開始的時候，商人會放出六隻小狗，小狗們在求職者的腳邊玩鬧，每個求職者都會忍不住看看這些可愛的小狗，視線一轉移，朗讀就會停止，當然求職者也就失去了機會了。

商人前前後後面試了七十個人，卻沒有一個人達到標準。最後，終於出現了能一口氣讀完的求職者。

商人很高興地對這位求職者說：「我想你應該知道有小狗存在。」求職者點點頭，並且微微一笑。

「那麼，為什麼你不看他們？」

求職者回答：「因為我說過，我會毫不停頓地讀完這一段。」

　　商人讚賞地點點頭說：「你被錄取了，我相信你以後一定會成功的。」

　　商人說得沒錯，這個年輕人日後果然成為了著名連鎖企業的經營者。

【學做人】

　　我們經常可以看到打架鬧事、酒醉駕車等醜態百出的新聞，這些都是因為不懂得節制才會造成的後果。

　　一個知道節制的人不會做出越矩的事，更不會因為一時的誘惑而破壞原本的計劃，所以，如果你想成功，就必須懂得控制自己、懂得抗拒誘惑，那麼你才能循著自己的目標，獲得理想的成果。

批評你的人，
不一定是壞人

　　艾列克在大學主修音樂，每天練習超過八個小時，同學們都對他這種對音樂的執著感到相當佩服。由於他在校的成績相當優異，所以畢業之後便如願以償地申請到獎學金繼續深造。

　　過了一段時間之後，艾列克的大學同學偶然在路上遇見他，發現他整個人都變了，從以往的神采飛揚，變得十分低沉消極。

　　原來，艾列克雖然申請到最好的音樂學院獎學金，但是只讀了八個月就輟學了。他之所以決定輟學，主要原因是音樂學院的環境和大學不同，聽他演奏的對象並不是一般人，而是擁有專業音樂素養的精英，同時還必須接受各種不同的批評。

　　這些批評有的很中肯，有的卻是惡意中傷。艾列克沒有辦法承受這種種的批評，於是他開始一蹶不振。

　　艾列克非常沮喪，不管親朋好友怎麼勸導，都無法讓他釋懷。後來，艾列克決定回大學去拿教育學位，改行當音樂老師。但因為他已經對音樂失去信心，所以就

算當了老師，也同樣不熱衷於教學，慢慢地，就這樣放棄原本深愛的音樂了。

【學做人】

　　由於沒有接受批評的勇氣，所以許多人放棄了自己的夢想。

　　由此可見，要成為一名成功人物，除了立定目標之外，勇氣也是不可或缺的條件，如果沒有勇氣面對外在的批評或打擊，又怎麼能夠改善自己的不足，從競爭激烈的環境中脫穎而出呢？

適時低下你高貴的頭

富蘭克林是美國的政治家、科學家、獨立宣言的起草人之一。他在合眾國創建時，曾留下許多功績，故有「美國國父」之稱。

有一次，富蘭克林到一位前輩家拜訪，當他準備從小門進入時，因為小門低了些，他的頭被狠狠地撞了一下。出來迎接的前輩告訴富蘭克林：「很痛吧！可是，這將是你今天拜訪我的最大收穫。想平安無事地活在世上，就必須時時記得低頭。這也是我要教你的事情，不要忘了！」

從此，富蘭克林牢牢記著這句話，並把「謙虛」列入一生的生活方針之中。

【學做人】

總是高抬著頭，昂首走在前面，是很難在群眾中汲取智慧的。時間長了，人們必然會把你驅逐出正常人的行列，不要忘記適時低下你高貴的頭，學會謙虛。

驕傲是滅亡的先導

桌上有一個存錢罐和一張白紙。一天，存錢罐挺了挺裝滿硬幣的肚子，擺出一副大爺的腔調說：「哎呀，白紙先生，你一無所有，難道不感到空虛嗎？瞧我，肚子裡有了錢可實在多了。」

白紙說：「我並不感到空虛，因為我的未來將會是很充實的。」存錢罐聽了，露出一絲不屑的笑。

一會兒，主人回來了，他很高興，提起筆在白紙上寫下了兩行精美的字，然後裱成條幅掛在書房裡。來往的客人見了這幅書法作品，無不嘖嘖稱讚。後來這幅書法作品成了傳世珍品，被國家博物館永久收藏。而那個存錢罐卻早就被書法家的孫子為了取硬幣而給砸碎了。

【學做人】

驕傲是滅亡的先導，自誇是垮台的開始。驕傲的人，結果總是在驕傲裡毀滅了自己，一味孤芳自賞，自吹自擂，結果事事落空。

27

別只看見你自己

有位傲氣十足的大官，去看望一位哲學家。

哲學家將他帶到窗前說：「向外看，你看到了什麼？」

「看到了許多人。」大官說。

哲學家又將他帶到一面鏡子面前，問道：「現在你看到了什麼？」

「只看見我自己。」大官回答。

哲學家說：「玻璃窗和玻璃鏡的區別只在於那一層薄薄的水銀，單憑這一點點可憐的水銀，就能讓有的人只看見他自己，而看不到別人。」

【學做人】

人們通常只看見自己，看不到別人。哲學家的話讓大官明白了一個道理：人貴有自知之明，無論你的成就有多高，一定要清楚天外有天，人外有人，時刻保持謙虛和謹慎。

繞著自己的房子跑三圈

有個富人一生氣就跑回家去，然後繞著自己的房子和土地跑三圈。

後來，他的房子越來越大，土地也越來越廣。可是只要他一生氣，仍會回家繞著房子和土地跑三圈，也不管會不會累得氣喘吁吁、汗流浹背。

直到他已經很老了，走路都要拄枴杖了，生氣時還是堅持繞著土地和房子轉三圈。一次，富人拄著枴杖繞房子走到太陽下山了還在走，孫子怕他有閃失就跟著他。

孫子問：「爺爺！您生氣就繞著房子和土地跑，這裡面有什麼秘密嗎？」

富人對孫子說：「年輕時，我一和別人生氣，就繞著自己的房子和土地跑三圈，我邊跑邊想——自己的房子這麼小，土地這麼少，哪有時間和精力去跟人生氣呢？一想到這裡，我的氣就消了。氣消了，我就有了更多的時間和精力來工作、學習了。」

孫子又問：「爺爺！您年老了，成了巨富，為什麼

還要繞著房子和土地跑呢？」

富人笑著説：「老了生氣時我繞著房子和土地跑三圈，邊跑我就邊想——我房子這麼大，土地這麼多，又何必跟人斤斤計較呢？一想到這裡，我的氣就消了。」

【學做人】

富人的做法值得借鑒。仔細想想其實任何事都不會使你生氣，讓你生氣的是你的想法。你可以讓自己變得快樂，也可以讓自己痛苦，這都是你的選擇。

做一個踢貓終結者

有位經理早上出門之前和太太吵了一架，心情非常糟糕。到了辦公室裡，他就把主管叫過來，對他發了一頓脾氣。

主管莫名其妙地被經理罵了一通，心裡很不痛快，於是就把前台小姐大罵了一頓。

前台小姐當然想找個人發洩一下，回到家之後，看到兒子在家裡面玩，於是她就罵兒子是個調皮鬼，把屋子弄得亂七八糟。

剛好家裡的小貓走了過來，小兒子便狠狠地踢了牠一腳。

當然貓被踢了之後，再也找不到發洩的對象了。

【學做人】

假如你想要過得幸福快樂，就必須做一個踢貓終結者。從此刻開始，控制自己的情緒，給自己做一個決定：「我一定要快樂！」然後再把快樂送給別人。

31

贏得起，也輸得起

這是一次殘酷的長跑角逐。參賽的有幾十個人，他們都是從各路高手中選拔出來的。然而最後得獎的名額只有三個人，所以競爭格外激烈。

一位選手以一步之差落在了後面，成為第四名。他受到的責難遠比那些成績更差的選手多。

「真是功虧一簣，跑成這個樣子，跟倒數第一有什麼區別？」這就是眾人的看法。

不過，這位選手倒是若無其事地說：「雖然沒有得獎，但是在所有沒得到名次的選手中，我名列第一！」

【學做人】

誰說跑第四名跟跑倒數第一沒有什麼區別。在競爭中，自信的態度，遠比名次和獎品更為珍貴。贏得起，也輸得起的人，才能夠取得大成就。

快樂源於自己的感覺

東海的一隻大甲魚，偶然爬過一口井邊。

井裡的一隻蛙看見了，連忙說：「稀客稀客，請來參觀吧！」

大甲魚說：「你在井裡過得舒服嗎？」

井蛙說：「我獨霸一口井的水，像一個國王一樣，怎麼不舒服呢？你看，我一跳到井裡，水就來扶著我的兩腋，托著我的腮幫子。我高興就鑽入水底，泥巴就趕快來按摩我的腳。到了晚上，不想呆在水裡，就跳出來散散心。」

於是，大甲魚便想到井底看一看，可是牠的左腳剛剛踩進去，右腳就絆在外邊動彈不得了。大甲魚只好退了出來。

大甲魚便對井蛙說：「你的井太小了，我進不去。我剛才是從東海上來的，讓我告訴你東海的快樂吧。東海又大又深。用一千里的長，不足形容它的廣大；用八千尺的高，不足以形容它的深。水災時不會增加，旱災時不會減少，像這樣不會因時間的長短而改變，不受

33

雨水的多少而增減，就是大海的快樂。」

　　井蛙聽了，只好翻翻眼珠，連連倒退，一副茫然失措的樣子。

【學做人】

　　你可以羨慕大海的壯麗和寬闊，但你也可以為自己的安樂窩而振奮不已。快樂源於自己的感覺。一個人的快樂並不是人人都能體會到的，保持自己一份心境，分享別人的快樂。

幸福是一種感覺

有個遲暮之年的富翁，暖冬到海邊散步時看到一個漁夫在曬太陽，問道：「你為什麼不打魚呢？」

「打魚幹什麼？」漁夫反問。

「賺錢買大漁船呀！」

「買大漁船幹什麼？」

「打很多魚，你就會成為富翁了。」

「成了富翁又怎麼樣？」

「你就不用打魚了，可以幸福自在地曬太陽啦。」

「我不正在曬太陽嘛！」

富翁啞然。

【學做人】

幸福是一種感覺，你感覺到了，便是擁有。幸福與金錢、權力、地位不一定成正比。富翁不見得就比曬太陽的漁夫更幸福，撿破爛的與大明星完全可以擁有一樣的幸福。

生存就是福

有位錢幣商和一位賣燒餅的小販，同時被洪水困在野外的山崗上。兩天後，錢幣商身上帶的東西都吃光了，只剩一袋錢幣，而燒餅販子則還有一袋燒餅。

錢幣商提出一個建議，要用一個錢幣買燒餅販的一個燒餅。若是在平時，這是再便宜不過的事了，此時燒餅販卻不同意，認為發財的機會到了，就提出要用一袋燒餅換一袋錢幣，錢幣商同意了。一天又一天，洪水還是沒有退下去，錢幣商吃著從燒餅販手裡買來的燒餅，而燒餅販則餓得飢腸轆轆，他就提出來要用這袋錢幣買回他曾經賣出的而如今數量已不多的燒餅，錢幣商只允諾他用五個錢幣換一個燒餅。洪水退去後，燒餅全部吃光了，而一袋錢幣又回到了錢幣商的手中。

【學做人】

做人不應該貪得無厭，生存就是福。而貪婪的燒餅販只看眼前，最後不僅沒得到不義之財，偷雞不成反蝕把米。

放下

非洲土人用一種奇特的狩獵方法捕捉狒狒：在一個固定的小木盒裡面，裝上狒狒愛吃的堅果，盒子上開一個小口，剛好夠狒狒前爪伸進去，狒狒一旦抓住堅果，爪子就抽不出來了，人們常常用這種方法捉到狒狒。

因為狒狒有一種習性，不肯放下已經到手的東西。人們總會嘲笑狒狒的愚蠢：為什麼不鬆開爪子放下堅果逃命？其實並不是只有狒狒才會犯這樣的錯誤。

因為放不下誘人的錢財，有人費盡心思，結果常常作繭自縛；因為放不下對權力的渴求，有些人熱衷於溜鬚拍馬、行賄受賄，不惜丟掉人格和尊嚴，一旦事情敗露，後悔莫及。

【學做人】

生命如舟。生命之舟載不動太多的物慾和虛榮，要想使之在抵達彼岸時不在中途擱淺或沉沒，就必須輕載，只取需要的東西，把那些應該放下的「堅果」當機立斷地放下。

把封閉的心門敞開

有兄弟二人，年齡不過四、五歲，由於臥室窗戶整天都是密閉的，他們認為屋內太陰暗，看見外面燦爛的陽光，覺得十分羨慕。兄弟倆就商量：「我們可以一起把外面的陽光掃一點進來。」

於是，兄弟兩人拿著掃帚和畚箕，到陽台上去掃陽光。等到他們把畚箕搬到房間裡的時候，裡面的陽光就沒有了。這樣一而再再而三地掃了許多次，屋內還是一點陽光都沒有。正在廚房忙碌的媽媽看見他們奇怪的舉動，問道：「你們在做什麼？」他們回答說：「房間太暗了，我們要掃點陽光進來。」

媽媽笑道：「只要把窗戶打開，陽光自然會進來，何必去掃呢？」

【學做人】

只要把窗戶打開，陽光自然會進來，何必去掃呢？這位母親說的對。把封閉的心門敞開，成功的陽光就能驅散失敗的陰暗。

心平氣和的劉銘傳

清廷派駐台灣的總督劉銘傳，是建設台灣的大功臣，台灣的第一條鐵路便是他督促修建的。劉銘傳之所以得到任用，有一則發人深省的小故事：

當年李鴻章將劉銘傳推薦給曾國藩時，同時還推薦了另外兩個書生。曾國藩為了測驗三人中誰的品格最好，便故意約他們在某個時間到曾府去面談。可是到了約定的時刻，曾國藩卻故意不出面，讓他們在客廳中等候，暗中卻仔細觀察他們的態度。只見其他兩位都顯得很不耐煩，不停地抱怨；只有劉銘傳一個人安安靜靜、心平氣和地欣賞牆上的字畫。

後來曾國藩考問他們客廳中的字畫，只有劉銘傳一人答得出來。就這樣，劉銘傳被推薦為台灣總督了。

【學做人】

沒有耐性的人，必定缺乏堅毅持久、克服萬難的精神，自然成就不了甚麼偉大的事業。我們希望將來能有所作為，首先便須磨練自己的耐心和毅力。

凡事有天意

有兩個農夫坐在松樹下休息，其中一個人看見南瓜田裡，巨大的南瓜長在細弱的籐枝上。

他就問道：「上帝為什麼把這麼大的東西長在這麼細小的籐蔓上？這不太合邏輯嘛。」又說，「如果有上帝，為什麼讓這麼小的松果長在這麼巨大的樹幹上？這樹幹足夠支持好幾十個人的重量。如果我是上帝，我就讓南瓜長在松樹上。」

正說著，突然刮起一陣風，吹落了幾顆松子，打在他們頭上。

另一個農夫說：「好在沒有南瓜的重量。」

說著兩個人都笑了。

【學做人】
凡事必有天意，學會以坦然之心接受它。

放下這杯水

講師在課堂上拿起一杯水，然後問學生：「各位認為這杯水有多重？」學員們有的說二十克，有的說五百克。

講師則說：「這杯水的重量並不重要，重要的是你能拿多久？拿一分鐘，你覺得沒問題；拿一個小時，可能覺得手酸；拿一天，可能得叫救護車了。」

其實這杯水的重量是一樣的，但是你若拿得越久，就覺得越沉重。這就像我們承擔的壓力一樣，如果我們一直把壓力放在身上，不管時間長短，到最後，我們就會覺得壓力越來越沉重而無法承擔。

【學做人】

我們必須做的是，放下這杯水，休息一下後再拿起這杯水，如此才能夠拿得更久。壓力是好事，但對待壓力一定要張弛有度。

41

從一種傷痛
走入另一種痛苦

有位美麗的姑娘與才華出眾的意中人墜入愛河，家裡人卻極力反對，認為門不當戶不對，小伙子家太窮了。

姑娘極力堅持，卻不料此時意中人意外地離去。姑娘遭受重大打擊後，萬念俱灰，便隨意地聽從父母的安排，嫁給一位自己並不愛的闊少爺。

歲月流逝，姑娘會發現：她只是從一種傷痛走入了另一種更深的痛苦。

【學做人】

很多時候，我們情緒低落，意興闌珊，卻並沒有因此而暫停重要決策。多年以後，當我們回頭再看，方知這些決策造成了多大的傷害。每臨大事有靜氣，是能夠做成大事者的基本素質之一，越是重大的決策，越要心平氣和，頭腦冷靜，周詳考慮。

農夫的悲劇

有個農夫，每天早出晚歸地耕種一小片貧瘠的土地，但收成很少。一位天使可憐農夫的境遇，就對農夫說，只要他能不斷往前跑，他跑過的土地就全部歸他。

於是，農夫興奮地向前一直不停地跑。跑累了，他想停下來休息，然而一想到家裡的妻子、兒女都等著他照顧，他需要更大的土地來耕作賺錢，便又拚命地再往前跑。直到真的累了，農夫上氣不接下氣，實在跑不動了。此時農夫又想到將來年紀大，可能沒人照顧，一定要趁年輕時多存些錢，就再打起精神，不顧氣喘不已的身子，再奮力向前跑！最後，農夫體力不支，「咚」地倒在地上，累死了！

【學做人】

的確，人活在世上，必須努力奮鬥。但是，當我們為了自己、為了子女、為了有更好的生活而必須不斷地「往前跑」時，是不是也該保持清醒，適可而止呢？對靈魂以外的事物過分貪戀，就會適得其反。

等待三天

應邀訪美的女作家在紐約街頭遇見一位賣花的老太太。老太太穿著相當破舊，身體看起來很虛弱，但臉上滿是喜悅。女作家挑了一朵花說：「你看起來很高興。」

「為什麼不呢？一切都這麼美好。」

「你很能承擔煩惱。」女作家又說。

然而，老太太的回答令女作家大吃一驚。「耶穌星期五被釘在十字架上的時候，那是全世界最糟糕的一天，可三天後就是復活節。所以，當我遇到不幸時，就會等待三天，一切就恢復正常了。」

【學做人】

「等待三天」，這是一顆多麼普通而又不平凡的心。我們從來就不應該承認與生俱來的命運，只要相信人生並非事事如意，總要伴隨著幾多不幸，幾多煩惱。這樣一來，人生旅途豈不美好。

世界即將毀滅你會幹什麼

有份新創刊的《漫畫週刊》，為了盡快提升讀者對刊物的熱情和發行量，經過一番策劃之後，推出了一項「徵畫活動」，要求應徵作品以《世界的最後時刻》為題。

表現主題不言而喻，在世界即將毀滅的最後時刻，你或你的親人們會做些什麼呢？

來自世界各地的作品堆積如山。為了獲取高額獎金，所有的應徵者都將想像力發揮到了極致：

在世界的最後時刻情侶緊緊抱在一起，一邊喝酒一邊接吻；在最後時刻將鈔票堆在大街上燃燒；在最後時刻坐上宇宙飛船逃離地球……

但最後獲得十萬美金的，是一位家庭主婦用鉛筆在一張包裝紙上畫的漫畫：

她在廚房洗完碗筷後，正伸手關緊水管開關，丈夫則正坐在餐桌旁的地板上，有兩個小男孩，正在玩積木……

評審們對這看似平常的作品的評語是：我們震驚於

這一家的平靜。

他們理解了世界存在的意義和人的最高追求。

【學做人】⋯⋯⋯⋯⋯⋯⋯⋯⋯⋯⋯⋯⋯⋯⋯⋯⋯⋯⋯⋯⋯⋯⋯⋯⋯⋯⋯

既然世界馬上就要毀滅，那就表示世界還沒有毀滅，那麼，你就還活在「現在」。不要被即將到來的事物所誘惑，也不要為即將到來的事物所嚇倒。

殘廢的心靈是自己設下的

有一個性情特別暴躁的盲人，每天在街上乞討，人們都紛紛躲避。如果有人不小心碰到他，他就立刻破口大罵：「我眼瞎了，難道你眼睛也瞎了？」

人們因為他是盲人，笑一笑，誰也不去計較。有一天，他乞討了半天也沒有多少收穫，心裡十分氣憤，這時突然撞到一個人，立即大罵：「你瞎了嗎？」被撞的人恰巧也是一個瞎子，性情更為暴戾。聽見罵聲，也破口大罵：「難道你是瞎子嗎？」兩人誰也不知道對方是瞎子，互相謾罵，市人大笑。

【學做人】

本是同病應相憐，但兩人都互相攻擊對方。他們眼前一片漆黑，心裡也是一片黑暗。不去設法與別人溝通，而是以自己的殘缺仇視別人，一步步走向極端。身體殘缺並不代表心靈的殘缺。殘缺的人生，殘廢的心靈，都是人們自己給自己設下的限制。

47

做好一塊蘋果餅

在美國耶魯大學的入學典禮上，校長每年都會向全體師生特別介紹一位新生。

這一次，校長隆重介紹的，是一位自稱會做蘋果餅的女同學。大家都感到奇怪：怎麼只推薦一個特長是做蘋果餅的人呢？最後校長自己揭開了謎底。

原來，每年的新生都必須填寫自己的特長，而幾乎所有的同學都選擇諸如運動、音樂、繪畫等，從來沒有人以擅長做蘋果餅為賣點。因此，這位同學便脫穎而出。

這真是一位聰明的學生。如果當初她填上「擅長廚藝」，結果會怎樣？肯定不會像「做蘋果餅」這麼打動人心。

其實，那些填寫運動、音樂、繪畫的，可能也就是會打打羽毛球、吹吹口哨或者畫幾筆素描。但是，他們不敢那樣寫，非要用一個大而籠統的概念把自己的特長掩蓋起來。

【學做人】

　　細細打量，這背後更多的是心虛。而細化自己的特長，則顯示出一種天真的可愛和拙樸，同時也是一種自信。

　　有些特長雖然不偉大，不高貴，但是它照樣可以讓我們享受一生。細化它們，並宣揚它們，你的自信便一點一滴地滲透出來。

打開你心中的那扇門

國王想委任官員擔任一項重要職務，於是就召集了許多聰明機智和文武雙全的官員，想看看誰能勝任。

國王說：「我有個問題，需要一個能解決它的人。」

國王領著眾臣來到一座大門——一座誰也沒有見過的巨大的門前。

「你們看到的這扇門，不但是最大的，而且是最重的，有誰能把它打開？」

大臣們見到大門後都搖頭擺手，有的走近看看，有的則無動於衷。只有一位大臣，他走到大門外，用眼睛和手仔細檢查，然後又嘗試了各種方法。

最後，他抓住一條沉重的鏈子一拉，這扇巨大的門開了。

國王說：「你將在朝廷中擔任要職。」

其實，大門並沒有完全關死，那一條細小的縫隙就隱藏在嚴密的假象中，任何人只要仔細觀察，再加上有膽量去試一下，都能打開它。

【學做人】

　　局限於自己所看到的和所聽到的，卻沒有勇氣嘗試一下，這就是許多人與機會失之交臂的原因。

　　不斷突破自己，勇於嘗試，是獲得成功的關鍵。膽量是一種智慧，大膽是一種大智大慧。

蒼蠅與冠軍

這是一場舉世矚目的賽事。撞球世界冠軍已走到衛冕寶座前了。他只要把最後那顆黑球打進洞，凱歌就奏響了。

就在這時，不知從什麼地方飛來了一隻蒼蠅。第一次，蒼蠅落在他握桿的手臂上，有些癢，他停下來。

蒼蠅就飛走了。他又俯下腰去，準備擊球。蒼蠅又飛來了，這回竟飛落在他的眉頭上。他只好不情願地停下來，煩躁地去打那隻蒼蠅。蒼蠅又輕捷地脫逃了。他作了一番深呼吸再次準備擊球。

天啊！那隻蒼蠅怎麼又回來了，像幽靈似的落在了黑球上。他怒不可遏，拿起球桿對著蒼蠅捅去。

蒼蠅受到驚嚇飛走了，可是球桿也觸動了黑球。按照比賽規則，該輪到對手擊球了。對手抓住機會死裡逃生，一口氣將該打的球全打進了。

最終他當然衛冕失敗，恨死了那隻蒼蠅。可惜的是他後來患了不治之症，再也沒有機會上場，直到臨終前對那隻蒼蠅還耿耿於懷。

　　一隻蒼蠅和一個冠軍獎盃的命運膠著在一起，也許是偶然的。倘若他能制怒並靜待那隻蒼蠅的話，故事的結局也許應該重寫了。

　　【學做人】……………………………………………………
　　心有靜氣，善於控制自己的情緒才會較少出差錯。學會善於控制自己的情緒，得到的又豈止是冠軍？

保持頭腦清醒

有隻貓飽餐了一頓，顧不上洗臉，打了一個呵欠，呼呼睡著了，鼻子上還沾著奶油。

這時一隻飢腸轆轆的老鼠，尋著奶油的香味，來不及看清周圍的情況，莽莽撞撞張開嘴就咬。

「哎喲！」一聲慘叫，被疼痛驚醒的貓，還沒弄清怎麼回事，拔腿就跑逃之夭夭。

消息傳開，這位莽撞老鼠在鼠國家喻戶曉，他被同伴們視為無畏的勇士，是鼠類的驕傲。

「您為我們出了一口氣，以前只有我們見貓就逃，今天竟然是貓逃走了。在我們鼠族歷史上還是第一次，您將永載史冊。」從此，無論這位鼠英雄走到哪裡，都有鮮花和歡呼圍繞。漂亮的鼠小姐們對他頻送秋波，脈脈含情。就這樣，這位英雄也慢慢相信自己是貓的剋星，趾高氣揚。

沒過多長時間，鼠勇士又碰上了那隻倒霉的貓，牠暗自高興，這次又可以大顯身手，再給貓一個重創，抓瞎牠的眼睛，用更大的勝利贏得更高的榮譽與尊敬。可

是牠怎麼可能是貓的對手，這回牠不僅沒佔到便宜，反而遍體鱗傷，尾巴也被咬掉了半截。若不是僥倖牠還算機靈，險些性命難保。

　　消息又轟動了整個鼠國。這次卻不是用鮮花和歡呼歡迎，而是鋪天蓋地的咒罵和唾沫：「懦夫！小丑！真是丟臉！……」往日的英雄再也沒有人理睬，別說沒有鼠姑娘們的青睞，就是走路也得藏著半截尾巴，低著腦袋。

【學做人】

　　面對批評和讚美，最重要的是保持清醒頭腦，保持堅定立場。走自己的路，任憑別人去說好了。過於在乎別人的評價，就會永遠生活在別人的評論中。

生死遊戲

西方的一個兵營裡流行著這樣一種遊戲：上級軍官每年一次召集部下一千人，發給每人一把手槍，並告訴他們：這一千把手槍中只有三把有真的子彈，要求每人朝自己的腦袋開一槍，剩下的人在餘下的一年裡就可以無憂無慮地生活，遊戲每年一次進行著……

其實在生活中，所有人都是這樣每年重複著這個遊戲。根據大中華區生命表統計顯示，人的年平均死亡率，正是千分之三！有人說千分之三的概率很小，因為一千人之中只有三人。有人說這個概率很大，因為對個人來說，只有兩種可能：生或死。

因此，個人的概率是百分之五十。

【學做人】

這就是我們每天都要面臨的問題。朋友，如果你是其中的一員，你敢嗎？你敢朝自己的腦袋上開一槍嗎？每年都開一次？生命原本脆弱，我們只能堅強的活著，並尋找快樂。

肚子裡有一口氣

有個老人，拿著一把五顏六色的氣球在街上叫賣。每當生意不好的時候，老人就放出一顆艷麗的氣球，以此招來顧客。

老人在一陣忙碌之後，又放出一隻黑色的氣球。

這時，一個男孩好奇地問：「老爺爺，怎麼黑色的氣球也能飛上天呀？」

老人微笑著摸著男孩的頭說：「氣球飛上天，跟顏色是黑是紅沒有關係，要緊的是它肚子裡有一口氣！」

【學做人】

一個人能過著什麼樣的人生，跟他的出身和生存環境沒有直接的關係，而是跟他內心的想法和所保持的精神有關。讓老人的話不時縈繞在我們耳畔，伴我們一起拚搏和奮鬥。

周倉打螞蟻

　　蜀漢的大將關公，曾經降服一個叫周倉的山賊作他的侍衛。周倉力大無窮，可惜生性粗心大意，不愛用頭腦。這一天，關公騎馬，周倉步行，兩人來到一棵樹蔭下休息。見樹下有一群螞蟻在爬，關公便對周倉說：「周倉，你試試看打死這些螞蟻。」周倉伸出拳頭，用力發出一拳，只見地面凹進一塊，螞蟻卻沒事，周倉的手痛得哇哇大叫，螞蟻還是若無其事。眼見小小螞蟻打不死，周倉急得滿面通紅。關公說：「看我的。」

　　只見他伸出食指，輕輕一揉，螞蟻一下死了好幾隻。周倉看得目瞪口呆，關公便對他說：「擁有再大的勇氣和力量，還要懂得運用智慧和謀略，才能做大事、成大器。」

【學做人】

　　做事情若靠蠻力，而不懂得運用技巧，效果就會大打折扣。好比打棒球，儘管你擁有打出全壘打的力氣，但假如你不用心選球的話，往往會被三振。

Chapter 02

君子以慎言語
把話說到心坎上

不要害怕當傻瓜，只要相信自己，勇往直前，就一定可以做到。

Don't Be Afraid Fool

CLAP
CLAP

讓自己安靜下來

有個木匠在工作的時候，不小心把手錶掉落在滿是木屑的地上，他一面大聲抱怨自己倒霉，一面撥動地上的木屑，想找出那隻心愛的手錶。

許多夥伴也提了燈，與他一起尋找。可是找了半天，仍然一無所獲。等這些人去吃飯的時候，木匠的孩子悄悄地走進屋子裡，沒一會工夫，他居然找到手錶了！木匠又高興又驚奇地問孩子：「你怎麼找到的？」

孩子回答説：「我只是靜靜地坐在地上，一會兒，我就聽到『滴答』、『滴答』的聲音，就知道手錶在哪裡了。」

【學做人】

很多人在狂躁地追逐時，卻讓煩亂的心緒擾亂了自己的心靈。想辦法讓自己安靜下來，傾聽內心的聲音，在靜謐和安詳的氛圍裡，你會獲得靈性的指引和無窮的力量。

一個字與一千美元

美國舊金山一位商人發電報報價給一個沙加緬度的商人：「一萬噸大麥，每噸四百美元。價格高不高？買不買？」

沙加緬度那個商人原意是要說：「不。太高」，可是電報卻漏了一個句號，就成了「不太高」。

這一下就使他損失了上千美元。

【學做人】

有多少人，就是因為粗心馬虎而丟了工作。馬馬虎虎、敷衍了事的毛病，可以使一個百萬富翁很快傾家蕩產。相反，做事認真，則能幫助一個人獲得成功。

切記，每一個成功人士都是認認真真、兢兢業業的。盡量追求精確與完美，是成功者的特質。

做好自己應該做的事

有隻小毛蟲趴在一片葉子上，用新奇的目光觀察著周圍的一切：各種昆蟲歡歌曼舞，飛的飛，跑的跑，又是唱，又是跳……到處生機勃勃。只有可憐的小毛蟲，被拋棄在旁，既不會跑，也不會飛。

小毛蟲費了九牛二虎之力，才能爬動一點點。當牠笨拙地從一片葉子爬到另一片葉子上時，自己覺得，就像是周遊了整個世界。

儘管如此，牠並不悲觀失望，也不羨慕任何人。牠懂得：每個人都有各自該做的事情。一隻小小的毛蟲，應該學會吐纖細的銀絲，為自己編織一間牢固的繭房。

小毛蟲一刻也沒有遲疑，盡心竭力地做著工作，臨近期限的時候，把自己從頭到腳裹進了溫暖的繭子裡。

「以後會怎麼樣？」與世隔絕的小毛蟲問。

「一切都將按自己的規律發展。」小毛蟲聽到一個聲音在回答，「要耐心些，以後你會明白的。」

時辰到了，牠清醒過來，已不再是以前那隻笨手笨腳的小毛蟲，牠靈巧地從繭子裡掙脫出來，驚奇地發現

自己身上生出一對輕盈的翅膀，上面佈滿色彩斑斕的花紋。牠高興地舞動了一下雙翅，竟像一團絨毛，從葉子上飄然而起。牠飛啊飛，漸漸地消失在藍色的霧靄之中。

【學做人】

順其自然，一切都將按自己的規律發展。做好自己應該做的事情，不悲觀失望，不羨慕任何人，以一種平靜的心態來對待自己的職業。這樣最好不過了——既收穫充實，又不失精彩。

誰說環境決定人生

有個人嗜酒如命且毒癮甚深，有好幾次差點把命都送了。這回他因為在酒吧裡看一位酒保不順眼而殺了人，被判終身死刑。他有兩個兒子，年齡相差一歲。其中一個跟父親一樣有很重的毒癮，靠偷竊和勒索為生，也因犯了殺人罪而坐牢。另外一個兒子可不一樣了，他擔任一家大企業的分公司經理，有美滿的婚姻，有三個可愛的孩子，既不喝酒更未吸毒。

為什麼同出於一個父親，在完全相同的環境下長大，兩個人卻有著不同的命運？一次訪問中，記者問起原因，二人竟是同樣的答案：「有這樣的父親，我還能有什麼辦法？」

【學做人】

在生活中，我們總是說有什麼樣的環境就有什麼樣的人生。這實在是再荒謬不過了。影響人生的絕不是環境，而是我們對這一切持什麼樣的態度。面對人生逆境或困境時所持的態度，遠比任何事都來得重要。

秀才解夢

有位秀才第三次進京趕考，考試前兩天他做了三個夢。

第一個夢是夢到自己在牆上種白菜。

第二個夢是下雨天，他戴了斗笠還打傘。

第三個夢是夢到跟心愛的表妹脫光了衣服躺在一起，但是背靠著背。

這三個夢似乎有些深意，秀才第二天就趕緊去找算命的解夢。

算命的一聽，連拍大腿說：「你還是回家吧。你想想，高牆上種菜不是白費勁嗎？戴斗笠打雨傘不是多此一舉嗎？跟表妹都脫光了躺在一張床上，卻背靠背，不是沒戲嗎？」

秀才一聽，心灰意冷，回到入住的客棧收拾包袱準備回家。

店老闆非常奇怪，問：「不是明天才考試嗎，你怎麼今天就回鄉了？」

秀才如此這般說了一番。

　　店老闆樂了：「喲，我也會解夢的。我倒覺得，你這次一定要留下來。你想想，牆上種菜不是高中嗎？戴斗笠打傘不是說明你這次有備無患嗎？跟你表妹脫光了背靠背躺在床上，不是說明你翻身的時候就要到了嗎？」

　　秀才一聽，更有道理，於是精神振奮地參加考試，居然中了個探花。

【學做人】

　　同為一夢，解析卻大為不同。積極的人像太陽，照到哪裡哪裡亮；消極的人像月亮，初一十五不一樣。態度決定我們的生活，有什麼樣的態度，就有什麼樣的未來。

把自己的杯子放低一些

　　有個滿懷失望的年輕人千里迢迢來到法門寺，對住持釋圓說：「我一心一意要學丹青，但至今沒有找到一個能令我心滿意足的老師。」

　　釋圓笑笑問：「你走南闖北十幾年，真的都沒能找到一個老師嗎？」

　　年輕人深深歎了口氣說：「許多人都是徒有虛名啊，我見過他們的畫幀，有的畫技甚至不如我呢！」

　　釋圓聽了，淡淡一笑說：「老僧雖然不懂丹青，但也頗愛收集一些名家精品。既然施主的畫技不比那些名家遜色，就煩請施主為老僧留下一幅墨寶吧。」說著，便吩咐小和尚拿了筆墨紙硯。

　　釋圓說：「老僧的最大嗜好，就是愛品茗飲茶，尤其喜愛那些造型流暢的古樸茶具。施主可否為我畫一個茶杯和一個茶壺？」

　　年輕人聽了，說：「這還不容易？」於是調了一硯濃墨，鋪開宣紙，寥寥數筆，就畫出一個傾斜的水壺和一個造型典雅的茶杯。那水壺的壺嘴正徐徐吐出一脈茶

水來，注入到了那茶杯中去。

　　年輕人問釋圓：「這幅畫您滿意嗎？」

　　釋圓微微一笑，搖了搖頭。

　　釋圓說：「你畫得確實不錯，只是把茶壺和茶杯放錯位置了。應該是茶杯在上，茶壺在下呀。」

　　年輕人聽了，笑道：「大師為何如此糊塗，哪有茶壺往茶杯裡注水，而茶杯在上茶壺在下的？」

　　釋圓聽了，又微微一笑說：「原來你懂得這個道理啊！你渴望自己的杯子裡能注入那些丹青高手的香茗，但你總把自己的杯子放得比那些茶壺還要高，香茗怎麼能注入你的杯子裡呢？澗谷把自己放低，才能吸納別人的智慧和經驗。」

【學做人】

　　海納百川，有容乃大。江海之所以能為百谷之王，是因為身處低下，方能成為百谷之王。要想擁有百川的事業和輝煌，首先必須擁有容得下百川的心胸和氣量。

黑人孩子的感恩信

洛杉磯的一家旅館。早晨，三個黑人孩子，在餐桌上埋頭寫著感恩信。這是他們每天必做的功課。

老大在紙上寫了八九行字，妹妹寫了五六行，小弟弟只寫了兩三行。

再細看其中的內容，卻是諸如「路邊的野花開得真漂亮」、「昨天吃的比薩很香」、「昨天媽媽講了一個很有意思的故事給我聽」之類的簡單語句。

原來他們寫給媽媽的感謝信不是為了感謝媽媽幫了他們多大的忙，而是記錄下他們幼小心靈中感覺很幸福的一點一滴。

他們還不知道什麼叫大恩大德，只知道對於每一件美好的事物都應心存感激。

他們感謝母親辛勤的工作，感謝同伴熱心的幫助，感謝兄弟姐妹之間的相互理解……他們對許多我們認為是理所當然的事都懷有一顆「感恩的心」。一直以來，感恩在人們心中是感謝「恩人」的意思。

其實，「感恩」不一定要感謝大恩大德，「感恩」

其實是一種生活態度，一種善於發現美並欣賞美的道德情操。

【學做人】

人生在世，不如意事十有八九。如果能像這些孩子一樣，擁有一顆「感恩」的心，善於發現事物的美好，感受平凡中的美麗，那我們就會以坦蕩的心境、開闊的胸懷來應對生活中的酸甜苦辣，讓原本平淡的生活煥發出迷人的光彩！

光明與火把

有個商人在翻越一座山時，遭遇了一個攔路搶劫的山匪。商人立即逃跑，但山匪窮追不捨。走投無路時，商人鑽進了一個山洞裡，山匪也追了進去。

在洞的深處，商人未能逃過山匪的追逐——黑暗中，他被山匪逮住，遭到一頓毒打，身上所有錢財，包括一把準備夜間照明用的火把，都被山匪擄去了。

幸好山匪並沒有要他的命，之後，兩個人各自尋找著出口。這山洞極深極黑，且洞中有洞，縱橫交錯。兩個人置身洞裡，像置身於一個地下迷宮。

山匪慶幸自己從商人那裡搶來了火把，於是他將火把點著，藉著火把的亮光在洞中行走。火把給他帶來了方便，他能探清腳下的石塊，清周圍的石壁，因而他不會碰壁，不會被石塊絆倒。但是，他走來走去，就是走不出這個洞。最終，他力竭而死。

商人失去了火把，沒有照明，他在黑暗中摸索行走得十分艱辛，他不時碰壁，不時被石塊絆倒，跌得鼻青臉腫。但是，正因為置身於一片黑暗之中，所以他的眼

晴能夠敏銳地感受到洞口透進來的微光，他迎著這縷微光摸索爬行，最終逃離了山洞。

【學做人】...

身處黑暗的人，磕磕絆絆，卻最終走向了成功。眼前光明一片，卻讓人迷失了前進的方向，終生與成功無緣。其中關鍵不在於是否擁有火把，而在於持火把前進中的人的態度、信念與思維方式。

風景不在對岸

有條河隔開了兩岸，此岸住著凡夫俗子，彼岸住著僧人。

凡夫俗子們看到僧人們每天無憂無慮，只是誦經撞鐘，十分羨慕他們；僧人們看到凡夫俗子每天日出而作，日落而息，也十分嚮往那樣的生活。日子久了，他們都各自在心中渴望著：到對岸去。

終於有一天，凡夫俗子們和僧人們達成了協議。於是，凡夫俗子們過起了僧人的生活，僧人們過上了凡夫俗子的日子。

沒過多久，成了僧人的凡夫俗子就發現，原來僧人的日子並不好過，悠閒自在的日子只會讓他們感到無所適從，便又懷念起以前當凡夫俗子的生活來。

成了凡夫俗子的僧人們也體會到，他們根本無法忍受世間的種種煩惱、辛勞、困惑。於是也想起做和尚的種種好處。又過了一段日子，他們心中又開始渴望著：到對岸去。

【學做人】···

　　任何一種事情做久了都會令人心生厭倦、感到沒有出路。其實，問題也許並非出在事情本身上，而只是人的心理作用。

　　在人生旅途中，永遠都不要忘記隨時調整心態，因為旅途的突破取決於人自身的突破。

拋棄不快樂的想法

在一個春光明媚的早晨，一隻漂亮的鳥兒站在隨風擺動的樹枝上放聲歌唱，樹林裡到處蕩著牠甜美的歌聲。

一隻田鼠正在樹底下的草皮裡掘洞，牠把鼻子從草皮底下伸出來，大聲喊道：「鳥兒，閉上你的嘴，為什麼要發出這種可怕的聲音？」

歌唱的鳥兒回答說：「喔，田鼠先生，我總是忍不住要歌唱。你看，空氣是多麼新鮮，春天是多麼美好，樹葉綠得多麼可愛，陽光是多麼燦爛，世界是多麼可愛，我的心中充滿了甜蜜的歌兒，我無法不歌唱。」

「是嗎？」田鼠睜大眼睛，不解地問道，「這個世界美麗可愛嗎？這根本不可能，你根本是在胡扯！世界上的任何事情都是毫無意義的，我已經在這兒生活了這麼多年，我瞭解得很。我曾經從各個方向挖掘，不停地挖啊挖啊，但是，我可以告訴你，我只發現了兩樣東西，也就是草根和蚯蚓。再沒有發現過其他東西，真的，沒有任何可愛的東西。」

　　快活的鳥兒反駁説：「田鼠先生，你自己上來看看吧。從草皮底下爬上來，到陽光中來吧。你上來看看太陽，看看森林，看看這美麗可愛的世界，呼吸一下新鮮空氣。要是這樣，你也會忍不住感動得流淚。上來吧，讓我們一起放聲歌唱！」

【學做人】

　　只是眼光投射的方向不同，竟能有如此大的差異，顯然，快活的鳥兒和迷惑的田鼠代表了樂觀主義和悲觀主義兩種不同的生活態度。

　　如果老是把不快樂的念頭放在自己的想法裡，人生真的很難快樂起來，還不如在絕望的時候認真地問問自己：「真的有這麼糟嗎？」

　　在絕望中尋找生機，才能體會到生命的可愛之處。

　　美國洛杉磯電台主持人丹尼斯・普拉格説：「企圖從每個情況中尋找正面意義的人，他們的生活是受祝福

的；在每個情況都看到負面意義的人，生活則是被詛咒
的。」

　　從發生的事件中尋找好的一面並不是自欺欺人，而
是試著讓自己逃脫負面的一種推力，如果你重視個人成
長，就會把握每個機會，因為無論在哪一種情況下，你
幾乎都能有所學習。

　　以正面的觀點來面對生命中的種種困境，其實能夠
幫助我們走出悲愁集結而成的迷宮，看見晴亮的藍天，
呼吸快樂的空氣。

　　想要快樂的活，第一步就是拋棄所有不快樂的想
法，讓自己成為一個接近「樂天派」的人。

榮譽就是盡力做好自己

知名的科學家居里夫婦發現鐳後，世界各地紛紛來信希望瞭解提煉的方法。面對龐大的來信，夫婦二人對於怎樣處理頗傷腦筋。

在一個星期日的早晨，居里先生平靜地說：「我們必須在兩種決定之中選一個。一種是毫無保留地說明我們的研究結果，包括提煉辦法在內。」

居里夫人做了一個贊成的手勢說：「是，當然如此。」

居里先生繼續說：「第二個選擇是我們以鐳的所有者和發明者自居，但是我們必須先取得提煉鈾瀝青礦技術的專利執照，並且確定我們在世界各地造鐳業上應有的權利。」

「專利」這個名詞，就是代表著他們能因此得到巨額的金錢、舒適的生活，還能夠傳給子女一大筆遺產。

但是，居里夫人卻堅定地說：「我們不能這麼做，這樣做，便是違背了科學精神。」

這就是居里夫人，一個聞名天下卻始終不求名也不

求利的人。遇到陌生人問她：「你是居里夫人嗎？」她總是平靜地回答：「不是，你認錯了。」

她出名以後，幾乎每天都會收到世界各地慕名者要求簽名的來信。為了擺脫這種干擾，她還特地印了一種寫著概不簽名的卡片，每逢接到來信，就寄一張給對方。如此淡泊名利的生活態度，更令人感受到她不平凡的氣度。

她一生獲得各種獎金十次，各種獎章十六枚，各種名譽頭銜一百一十七個，她卻絲毫不以為意。

有一天，她的一位女性朋友來她家做客，忽然看見她的小女兒正在玩弄英國皇家學會剛剛頒給她的一枚金質獎章，不禁大吃一驚，連忙問：「居里夫人，能夠得到英國皇家學會的獎章，是極高的榮譽，你怎麼能給孩子玩呢？」

居里夫人笑了笑說：「我是想讓孩子從小就知道，榮譽就像玩具，只能玩玩而已，絕不能永遠守著它，否則將一事無成。」

【學做人】

對居里夫人來說，名利只是身外之物，即便是一生清苦，她也不願意以自己的成就來換得舒適的生活享受，因為她認為一旦將名利納入自己的生活之中，她的生命與科學研究將不再純粹。

她就是這麼認真執著於生活的一名女性。

居里夫人的女兒曾說：「要在家庭生活與科學家的生活之間做一個抉擇的想法，從來未曾浮現在母親的心裡。她從為人妻所應付出的愛情，與為人母所應負的責任，還有身為一個學者治學所應做的努力，使她體認到自己無論在哪一方面都不能偷工減料。而事實也證明，她每一樣都非常完美地做到了。」

這就是一種對自己生命負責的生活態度，當一個人在自己應做與該做的事物之中拼了全力，成就自然而然就會顯現出來。

看輕金錢和名聲

法國修女德蘭說：「如果小花都想做玫瑰，那麼大自然就會失去春天的燦爛外衣，小花在鄉野點綴成的圖案再不復見了。」

翻遍了人類史冊，像愛因斯坦這樣享名於世界的人，確實是一件前無古人的事情。以一個「數學教授」的地位，他竟能如此享譽世界；而以「科學家」身份，竟能如此名聞遐邇！更令人驚奇的是，愛因斯坦的名字雖然早已紅得發紫，他自己卻竟然不知道，直到後來他突然發覺了，在答覆新聞記者詢問時，他還說自己成名得連自己都莫名其妙。

這樣一名世界紅人，除了科學之外，竟然沒有一件事物可使他過分喜愛，而且他也不過分討厭哪一件事物。大多數人所汲汲追求的名聲、富貴或奢華，他都看得非常輕淡，這樣的愛因斯坦，也因此留下了無數佳話。

據說有一次，某艘船的船長為了優待愛因斯坦，特地讓出全船最精美的房間等候他，誰想到竟被他嚴辭拒

絕了。他表示自己與他人無異，所以絕不願意接受這種特別優待。這種虛懷若谷、執著而又坦然率真的人生態度，使他一直都是許多人敬佩的對象。

【學做人】

聖嚴法師曾經這麼說過：「如果現代人能用『一粥一飯』的態度過日子，必然會覺得格外充實，而且在充實之中會有淡泊、寧靜、輕鬆、自在，彷彿無事一般的心境。因此，所謂『做一個粥飯僧』有兩層意義，一種是只知吃飯吃粥的懶和尚；一種是淡泊名利、沒有人我計較，非常精進的生活態度。」

如果我們不能嘗試學習「看淡」、「謙遜」，就容易陷入名利的陷阱，猶如夸父追日般，看著光芒四射的朝陽，卻永遠追尋不到，只擁有疲累與無盡的挫折，何苦呢？如果我們慢了下來，我們也將能發現，陽光仍舊會照耀在我們身上，因為名利或許不等同於成功，但名利卻總是會伴隨成功而來。

知足，人生才能富足

有股細細的山泉，沿著窄窄的石縫，叮咚叮咚地往下流淌，也不知過了多少年，竟然在岩石上沖刷出一個雞蛋大小的淺坑，裡面填滿了黃澄澄的金砂。

有天，一位砍柴的老漢來喝水發現了金砂。從此，老漢不再受苦受累，每過十天半月，他就來取一次金砂，不用說，日子很快富裕起來。老漢雖守口如瓶，但他的兒子還是跟蹤發現了這個秘密，埋怨他不該將這件事瞞著。

兒子不斷地慫恿父親拓寬石縫，擴大山泉，不就能沖來更多的金砂嗎？做父親的想了想，自己真是聰明一世，糊塗一時，怎麼沒想到這一點？

說到做到，父子倆隨即找來工具，把窄窄的石縫鑿寬了，山泉比原來大了幾倍，隨後又鑿深了坑。父子倆想到今後可得到更多的金砂，高興得一口氣喝光了一瓶酒，醉成一團泥。但是，父子倆天天跑去看，卻天天失望而歸，金砂不但沒增多，反而從此消失得無影無蹤。

父子倆還百思不解，金砂哪裡去了呢？

【學做人】

這對父子貪婪地希望得到更多財富，卻連原本微小的利益也失去了；當人太貪心時，最終會變成什麼也得不到。希臘哲學家德謨克利特說：「希望獲得無義之財是遭受禍害的開始。」

人若不能學會知足與珍惜，終究會為自己所害，「想要得到更多」的念頭，只會不斷地折磨我們；對生活現狀的種種不滿，輕易地將快樂的心掩蓋了，每天只剩下沮喪和埋怨。

事實上，古人不就曾勸誡我們：「大廈千間夜眠不過八尺，良田萬頃日食又有幾何？」晚上睡覺所需的不過就是一張床的大小，每餐有的也只不過是一碗飯的食量，再多的土地、錢財，我們又能用得到多少呢？擁有許多我們用不到的事物，真的就是富有嗎？

美國作家埃默森曾經說：「貧窮只是人的一種心理狀態，正因為你自覺窮，所以窮。」

如果不能從內心說服自己，學會知足與珍惜所有，我們將窮盡一生的氣力也無法成為一個「富足」的人。

得意，卻不能隨意！

馬超是東漢名將馬援的後代，曾經與曹操、劉備陣營交過手，皆不分勝敗，可以說是一員不可多得的猛將。劉備招降他之後，對他相當賞識，沒多久便任命他為平西將軍，且冊封為都亭侯。

馬超以「新貴」的身份備受禮遇後，便開始自命不凡，顯得十分志得意滿，自覺形同劉備的知己、手足，也不太注意君臣應有的禮節。

有一次，他和劉備談話時，居然在滿朝文武面前，直呼劉備的名諱，左一句「玄德」，右一句「玄德」，聽在與劉備一起打拼多年的眾位核心幕僚耳裡，實在十分刺耳！

關羽實在氣不過了，想要殺了他，但劉備不同意。這時，張飛說：「如果不殺他，也要教教他懂點禮節，守點分寸！」

言教不如身教，所以，他們決定給馬超來一次「機會教育」。

第二天，劉備召集所有部將開會，關羽和張飛都刻

意提早到達，而且持刀恭敬地站立在宮中的兩旁，讓君臣的從屬關係，看起來真的是有不可逾越的距離。

　　馬超進來後，看見關、張二位前輩，直挺挺地站在一旁，並沒有就座，這才恍然大悟，心想以關、張的身份地位，都不敢造次，自己算老幾？於是便有些尷尬地退走一旁！

　　從此之後，馬超再也不敢太過於囂張，還成了劉備蜀漢朝中不可或缺的大將。

【學做人】

「搞不清楚狀況」是官場、職場中的大忌。我們常常可以看到，有些人憑著受到上司的賞識與重用，便不自覺地得意忘形。

　　雖然這種意氣昂揚，大都是「粗線條」的個性使然，並沒什麼不對，但自以為已是權力核心，進而睥睨群倫，甚至與上司「稱兄道弟」起來，便可能為自己的

職場生涯種下危機而不自知。

　　當然，這種人所處的辦公室文化，若原就是如此，上上下下一向平起平坐，那倒無所謂。假若不是如此，種種不得體的舉動，即使上司不甚在意，身旁眾多的各級長官、同僚、競爭者，難免會興起「你算老幾」的不舒服感受。

　　此時，「新貴」終將成為被「孤立」的對象，一有差錯，鐵定遭到圍攻，而難以繼續混下去！所以說，得意之時可不能隨意，否則，恐怕很快就會變成失意，落得前功盡棄！

越保守的人，收穫越多

有一對新婚夫妻到拉斯維加斯度蜜月，不到三天時間，新郎就已經輸掉了一千美元。

這天，新郎又輸了，非常懊惱地回到房間，看到梳妝台上有個閃亮的東西，好奇地上前，原來是妻子為了當紀念而留下的五塊錢籌碼，籌碼上的號碼「十七」正在閃閃發光。新郎覺得這是個好兆頭，於是興高采烈地拿著這個五塊錢籌碼跑到樓下的輪盤賭台，準備用這個五塊錢籌碼押在「十七」號！

不知道是哪裡來的好運，輪盤的小球居然正好落在「十七」這個數字上！新郎就這樣贏了一百七十五塊美元。新郎高興得不得了，把贏來的錢繼續押在「十七」號上，結果居然又中了！新郎的好手氣就這樣一直持續著，最後他竟然贏了七百五十萬美元！

這時的他已經是欲罷不能了，賭場的經理終於出面了，他對新郎說，如果他再繼續賭下去的話，賭場可能沒有辦法再賠他錢了。新郎想乘勝追擊，於是立即叫了部出租車，直奔市區另一家財力更雄厚的賭場。他

樂昏了頭，把贏來的七百五十萬全部孤注一擲地押在「十七」號上，結果輪盤的小球方向一偏，最後停在「十八」號。就這樣，他一輩子都賺不到的天大財富，轉眼間便輸得一乾二淨了。

最後，他身上一毛錢都沒有，只好垂頭喪氣地走回旅館。他一進房間，妻子就問他：「你到哪裡去了？」

「我去賭輪盤。」他說。

「手氣怎麼樣？」妻子好奇地問。

「還好，我只輸了五塊錢。」

【學做人】

其實，這位新郎原本可以成為七百五十萬美元的主人，但是他的貪心，卻讓他成了「只輸了五塊錢」的過路財神。我們或許都曾有這樣絕佳的機會，只是沒有好好把握而已。得到一樣東西之後，往往又會想要更多，人的慾望無窮，但是得到的卻沒有更多，反而把原本握在手上的，拱手讓給了別人。

說話的藝術

孩子從學校拿回成績通知單，只有一門課得了五分，其餘都是三分。

如果訓斥孩子：「怎麼搞的？只有一個五分？真是沒用的東西！」孩子就會越發洩氣。如果說：「哈，還得了一個五分哪！如果好好努力就可以取得好成績。」那將會怎樣呢？一般的孩子都會振作起來的。

日本某位著名企業家談到借錢的訣竅，他說如果要借一萬元，假若說：「無論如何也籌措不到一萬元，因此……」不如說：「需要十萬元，湊足了九萬，就差這一萬了……」這樣更能使對方放心而產生出借的意願。此人在戰後大街上幾乎還沒有什麼汽車的時候，就經常乘高級進口轎車往來於債權人的住所。不用說，這車也是借來的。

【學做人】

對人生是消極悲觀，還是積極樂觀，由你如何說話便可察知一二。

學會「轉彎」說話的技巧

阿麗與阿美是公司裡有名的冤家對頭。

阿美長得漂亮，加上做人八面玲瓏，因此即使做錯了事，別人也不忍苛責，造成了阿美凡事粗心大意、不拘小節的習慣，覺得做錯了反正也不會怎麼樣。偏偏阿麗最厭惡這一套，她看不慣阿美凡事馬虎、敷衍了事的態度，因此處處針對阿美，只要一逮到機會便趁機諷刺阿美一番。雙方水火不容，還一度鬧進了經理辦公室。

有一次，阿美又不小心延誤了工作，於是受到阿麗毫不留情地嚴厲譴責。顏面盡失的阿美，忍無可忍地對另一位同事說：「麻煩你幫我傳達阿麗一聲，請她不要給臉不要臉，改改她的臭脾氣好嗎？」

同事拍著胸脯向阿美保證：「這點小事全包在我身上！」

果然，從那天之後，阿麗對阿美的態度有了一百八十度的轉變，見到阿美不只親切地微笑，同時也不再斤斤計較阿美的小毛病了，甚至還主動傳授幾招業務上的小技巧。

　　阿麗的態度大幅改變，令阿美感到受寵若驚，於是她趕緊去向那位傳話的同事道謝。阿美問道：「你真厲害，到底是怎麼對阿麗說的？」

　　那位同事笑著說：「其實也沒說什麼，我只不過是告訴阿麗：公司裡有好多人都稱讚妳，尤其是阿美，她說妳是一個實事求是，值得好好學習的榜樣呢！」

【學做人】

　　俗話說：「冤家宜解不宜結」，也有一句話說：「解鈴還需繫鈴人」，只要繫鈴人用對了方法，再複雜的結也可迎刃而解。

　　打過繩結的人都知道，要是不小心打成了死結，越是硬扯，反而纏得越緊；想要解開繩結，必須左拉右扯一步一步慢慢來，光靠蠻力是沒有任何效果的。

　　這個道理用在人與人之間也是一樣，最需要忠告的人，通常最不願意接受忠告，與其苦心勸諫一個人，不如由衷讚美要來得有效。

試著把話説得更好聽

有個國王在夜裡做夢，夢見頭髮全部掉光了，醒來後心急如焚，連忙請來一位解夢大師，問問這個夢境的意思。

這名解夢大師聲名遠播，無人不曉，據説非常靈驗。大師聽了國王的夢境後，歎了口氣説：「國王陛下，這個夢説明了您的親人將會遭到不測，如同頭髮掉落一般，實在是不幸啊！」

國王聽了勃然大怒，拍著桌子説：「來人啊！把這個胡説八道的傢伙給我拖出去斬了！」

話雖如此，國王還是感到不放心，立刻又召來了另一位解夢專家，請他説明這個夢境的意義。

聽了國王的敘述之後，解夢專家展開了笑容，向國王深深一鞠躬説：「恭喜國王，賀喜國王，這個夢顯示您將會活得比您所有的親人還久。」

國王聽了，總算放下了心裡那塊大石頭，趕緊命侍衛帶領解夢專家到庫房領取賞金。

途中，侍衛大惑不解地問：「在我聽來，你們兩個

解夢大師的解釋並沒有什麼不同啊！為什麼國王卻一會兒生氣，一會兒又如此高興呢？」

解夢專家氣定神閒地笑著說：「同樣的意思，他說的是國王不喜歡的那部分，而我說的則是國王想聽到的話。」

【學做人】

表達的意思相同，但是只要表達的方式不同，結果也就大不相同。忠言逆耳，古有明鑒，世人都喜歡聽好聽的話，那麼又何必硬要朝他人的痛處硬踩下去呢？

掌握說話的藝術，不代表你只能說好聽的話，而是要學習如何把話說得更好聽一點，每個人都喜歡聽好話，只要誠實無害，何樂而不為呢？

以退為進能化解尷尬

沈從文二十六歲那年，被聘請到某一學校任教。

這位只念過小學的大文豪，作品充滿飄逸的靈氣，加上天生的創作才情，作品一發表總會震動文壇，當時他在上海已經小有名氣。

但是，名氣與膽量不一定成正比。在他第一次走上講台時，教室內除了該班學生，還擠滿了許多慕名而來的旁聽生。

教室裡安靜無聲，每個人都期待大作家的第一句話。沒想到沈從文卻完全默不作聲，靜靜地站在講台上足有十分鐘。

終於，在他吐了口氣之後，宣佈正式開始上課。不過，原本整整的一堂課，沈從文上了十分鐘就結束了，當然下課鐘聲也還沒響起。

這時，他拿起粉筆，在黑板上寫下：「今天是我第一次上課，人實在很多，所以我有點害怕。」

當句點劃下的那一刻，教室內響起掌聲與笑聲，因為他的誠懇和憨直，惹得學生更加的喜愛與憐惜。

　　胡適知道這件事後，對於沈從文的坦言與率直，更是讚譽有加，他相信沈從文一定能勝任這份工作。

【學做人】

　　面對尷尬，有人喜歡以自嘲解脫，有人則會以謙卑退守。這些方法皆可行，但是千萬不要無止境地退縮下去。

　　故事中，沈從文誠實地把自己的窘態說出來，反而更能讓人感受到率真。當他放下師長的面子，退一步與學生溝通的同時，其實是進一步縮短彼此的溝通距離，讓同學感受到他的真誠與親和力。

　　延伸到生活中，當對手以激將法，要讓你惱羞成怒時，我們千萬別上當。只有先退一步，看清對手設下的陷阱，才能安全地繼續前進。

懂得寬容，就能輕鬆溝通

在一九四六年五月，國際軍事法庭審判日本一級戰犯時，有十位參與國的法官們在還未開始前，就因法庭座次的排列問題，展開了一場爭論。

當時代表中國政府的法官一直以來都是排在庭長左邊的第二位，但是這次卻因為國力減弱，受到列強打壓、排擠，被要求更改座位。在這種不合理情況下，代表出席的中國法官梅汝敖，便與列強的法官們展開了一場舌戰。

梅法官說：「座位的排次，理應按日本投降時，各國簽字的排列順序來安排，才是最正確的原則。當然，各位若不贊成這個方法，我提議，不如找個體重測量器來，以個人體重的大小排定順序，以最重者居中，而體重較輕的人坐旁邊。」

當這個提議一說出來，各國法官都忍不住笑了起來。這時，庭長笑著說：「你的建議很好，不過，這個方法似乎只適用於拳擊比賽吧！」

梅法官接著說：「如果你們不以受降國的簽字順序

排列，那就以體重來區分吧！這樣一來，即使我被安排在最角落的位置也心甘情願，才不會被國人所責難。如果有人對我坐的位置有意見，那他們可以再派一位比我肥胖的人來交換。」這些回答，令在場人士大笑不已。

以輕鬆的回答解決爭議，梅法官在國際法庭上據理力爭，不僅坐定了自己的位置，也為國家、民族爭取到應有的尊嚴。

【學做人】

在雙方進行溝通時，許多人總是一味以面紅耳赤的方式據理力爭，然而，這不僅無法解決事情，反而常常把問題越鬧越大，到最後反而成了非理性的論辯或謾罵。其實不妨把話轉個彎，立場便能如梅汝敖法官一樣輕鬆地堅持。

溝通是一門學問，也是一項生活藝術，以寬闊的心胸，多元地運用各種修辭，不論是隱喻或形容，都是妝點人生的最好裝飾。

語言的力量

在一個寒冷的冬天，衣衫襤褸雙目失明的老人，忍受著刺骨的寒風，可憐巴巴地跪在繁華的街道上行乞。

他髒兮兮的脖頸上掛著一塊木牌，上面寫著：「自幼失明」。

一天，一位詩人走近老人身旁，他便伸手向詩人乞討。詩人摸了摸乾癟的口袋，無奈地說：「我也很窮，但我可以給你點別的東西。」

說完，他從兜裡掏出筆，在木牌上寫了幾個字，返身告別了老人。

從那以後，老人得到了很多人的同情和施捨，可他對此卻大惑不解。

不久，詩人與老人邂逅。老人問詩人：「你那天在我的木牌上寫了些什麼呀？」

詩人笑了笑，捧著老人脖頸上的木牌念道：「春天就要來了，可我不能見到它。」

詩人一抬頭，看見老人的眼眶裡含著晶瑩的淚花。

【學做人】...

　　這就是語言的力量。聰明的人用甜美的語言讓事實增值，愚蠢的人用糟糕的語言讓事實貶值，大多數的人呢——只用語言簡單地說出了事實。與人相處時，道理亦然。詩人送給乞丐的禮物，把乞丐的處境生動地用一句話描繪出來，讓路過的每一個人都因為感同身受，而對乞丐生出更多的同情，而在同情之餘加以施捨。

　　「自幼失明」是陳述事實，但感覺上隔得很遠，因為那是別人的事；而「春天就要來了，可是我卻不能見到它」，卻讓每一個感受過春天美好的人，從內心體會看不見春天的痛苦與遺憾。

　　不直接點破，加上適度的渲染，就能成功地營造感染別人的氣氛，所謂「想像裡蘊藏著感覺，而判斷裡又蘊藏著想像」，應該就是說好話的最高境界吧！

　　多讀幾本好書，把別人話語詞句中的精華，悄悄地佔為己有，那麼總有一天，我們一定能做到像羅馬詩人賀拉斯所說：「如果你安排得巧妙，家喻戶曉的字便會取得新義，表達就能盡善盡美。」

含糊其辭
也是一種説話藝術

有一次，王安石在家中設宴，王元澤也跟著家人出來向客人問好，有一個客人欺負他年幼，故意把獐和鹿放一個籠子裡，問王元澤哪一頭是獐，哪一頭是鹿。

王元澤不多想就回答説：「獐旁邊的那頭是鹿，鹿旁邊的那頭是獐。」

旁觀眾人不禁喝彩，稱讚他答得妙，而那名客人聽了這個不是答案的答案，反而説不出話來。

正確的答案當然是明白地説出獐和鹿外表的不同，但是年幼的王元澤可能根本就不知何謂獐，何謂鹿，這名客人刁難的成分相當明顯。

結果，王元澤含糊其辭的運用了邏輯上「非此即彼，非彼即此」的推理方法，不確切地指明哪頭是獐、哪頭是鹿，反而説獐的旁邊是鹿，鹿的旁邊是獐。

也就是説眼前兩隻動物，不是獐就是鹿，反之亦然。

【學做人】

邏輯的道理再簡單不過，但妙就妙在這個「含糊其辭」的答案，怎麼說都對，又不得罪人，著實妙答。王元澤小小年紀，就能如此機智過人，不得不令眾人嘖嘖稱奇。

我們不可能期望擁有一個毫無問題、極其順遂的人生，然而只要有問題，就會有答案，卻沒有正確的答案。只要能自圓其說，就是好答案。

所以，我們不妨學學王元澤的機智，在左右為難的時候，乾脆含糊其辭，以求左右逢源之效。

所謂山不轉路轉，路不轉人轉，有人解釋說：「我們的方向不變，只是改走一條適合自己的路。」

善用說話的藝術，這樣一來，解決問題的目標不變，但是卻可以選擇最好的答案，既能維持週遭的互動氣氛良好，又能成功達到自己的目的，豈不是兩全其美？

偷天換日，大事變沒事

唐朝時，有一個叫做王童之的人圖謀叛亂，與散居各地的徒眾，相約在某一天清晨四更集結暴動。

不料，這個消息被一向足智多謀的節度使段秀實知道了。段秀實成竹在胸，認為這班烏合之眾並不難應付，所以根本不動聲色，除了暗中加強防備之外，決定給他們來點教訓！

在匪徒舉事的前一天傍晚，段秀實胡亂編了一些理由，把夜裡負責打更的差役找來痛罵一頓，說他們打更不夠盡責，開小差，亂打一通，壞了他的大事，害得他的老婆睡不著覺等等，所以處罰他們當天晚上每次打更之前得先到衙門來向他報告。

打更差役們，莫名其妙地挨了一頓罵之後，人人心不甘情不願地照著段秀實的指示，在每更之前都乖乖地先到衙門之前聽訓。

有趣的事真的發生了，由於加上這道聽訓的手續，更夫的時間無形中被拖延了。因此，當天到了打四更的時分，天色已經大亮，叛亂徒眾們原本打算趁夜色，出

其不意發動攻擊，這下硬生生被段秀實的拖延戰術給弄砸了。匪徒們在一陣莫名其妙之後，發現被擺了一道，只好各自鳥獸散去！而段秀實就在談笑用兵之間，解除了一次危機。段秀實高明的地方，在於情報掌握正確，而後又巧妙地運用打更操之在我的優勢，將匪徒玩弄在股掌之中。

匪徒想出其不意，結果段秀實更加令他們料想不到，匪徒輸了情報，時間點又掌握在他人手裡，沒有不輸的道理。

【學做人】

「偷天換日」是一個異想天開的形容詞，可是段秀實卻在談笑之間，如此輕鬆地不費一兵一卒，就解決了兵戎之災，將大事變沒事。可見，抓得住事物的本質，加以靈活運用，真是妙用無窮呢！

「時間」可以掉包，談理論事同樣也可以。因為每

一件事理，都有不同的角度與層次，如果沒有站在等同的談論基礎之上，就如同雞同鴨講一樣，即使是就事論事，也難免流於各說各話，不可能產生「真理愈辯愈明」的效果。這就是為何我們常會被一些聽起來似乎言之成理的狡辯之詞，氣得七竅生煙的原因了。

　　所以說，如果想要強詞奪理，逞口舌之快，這些模糊焦點、移花接木、靈活轉換的伎倆，有時應該還蠻管用的才對。何況，若要練就舌燦蓮花、以理服人的功夫，對於事理的節理、層次，恐怕更要有良好的掌握，如此或許才能在深入淺出、左右開弓之間游刃有餘。

好話夠力道，無道變上道

春秋時期，陳侯下令修建凌陽台。不過，工程還沒結束，就因為進度及品質等問題不合陳侯的意思，相關官員已經被處死了好幾個人，而且還有三位監工官吏被關進了監牢。群臣對陳侯的任性與暴戾雖然很不以為然，卻都噤若寒蟬，沒有人敢冒著生命危險提出異議。

這時候，孔子剛好來到陳國，在晉見陳侯之後，受邀一起登上凌陽台參觀一番。

孔子知道陳侯好大喜功、恣意殺人的行徑後，便翹起大拇指，以反諷的口吻對著陳侯說：「這座高台真是了不起啊！簡直是集雄偉、美觀於一體，這和大王的賢德、功業，實在是相得益彰，真是令人敬佩！」這番話，聽得陳侯心花怒放，一陣飄飄然。接著，孔子又意有所指地說：「自古以來，要修建一座像這樣宏偉的建築，我看，不殺幾個人，恐怕不容易完成。」

陳侯聽了之後，臉色一陣青、一陣白，尷尬得很，等送走孔子後，便立刻派人悄悄地將被關在監牢裡的官員給釋放了。

【學做人】

　　人都是需要掌聲的，尤其是對好大喜功、特重面子的人而言，更是如此。孔子抓住了陳侯想成就大功德的意圖，口含蜜劍，刺向陳侯想成德，卻又敗德殺人的念頭，讓陳侯心中不相稱的德性破功，暫時終止了他繼續殺人的舉動。

　　可見，好話夠力道，像陳侯這種暴虐無道的君王也會有變上道的時候。

　　不過，人心如水流，在時空的軌道中流轉，觀念與情緒的生成與演變，又受種種力量宰制，不易釐清。因此，想要改變一個人的觀念與想法相當困難，何況，瞬間要改變一個人的念頭，更是一件不容易的事！

　　所以說，如何在適當的時機，說上一句力道夠又中聽的話，讓人能夠真正在意，或者是有所受用，實在不是一件簡單的事。因此，與其嘮嘮叨叨、廢話連篇，還不如多花一些時間，培養說話的功力與藝術。

愈嘮叨，愈糟糕！

有一位衙役，個性非常耿直，他有一種「怪癖」，就是每當發現御史大人舉措有不妥當的時候，這位衙役就會將他隨身配帶的棍棒拿得直挺挺，藉以表達他的不以為然。久而久之，衙門裡上上下下，便會以這個傢伙手中的棍棒是否拿直，來猜想御史的作為是否又有什麼可議之處。

有一天，御史中丞范諷來了一群客人，這位大嗓門的御史，便吆喝廚師準備飯菜，而且大吼大叫，交代什麼應該準備，又該如何烹煮等等，交代了一遍又一遍；等廚師離開後，又不厭其煩地叫了回來，說了又說，生怕廚師忘了他所吩咐的每一個細節。

這個時候，大家又發現，那位衙役在衙門內院走來走去，手中的棍棒，硬是拿得直挺挺。正忙著招呼客人的范諷，也在無意間看到了，直覺得掃興，納悶地心想，「他又招誰惹誰了？」便趨前想要問個明白。

衙役回答說：「要命令屬下做事，只要將事情傳達清楚，事後檢驗成果就可以了，如果屬下做不好，按規

章處罰不就得了，何必嘮嘮叨叨，說得沒完沒了。如果讓您掌理天下，難道也要事必躬親，每件事都得親自發號施令嗎？」范諷聽了之後，覺得很有道理，也十分慚愧，更對這個小小衙役表示無限的佩服。

 【學做人】

　　嘮嘮叨叨不是一種好德性，所以常常令人敬而遠之。這種人不見得不好，只是令人受不了。

　　嘮嘮叨叨有可能是細心的表現，也有可能是過度重視細節的表現，不過，通常給人的感受都是多此一舉，畫蛇添足。這是一種不尊重、不信任人的表現。

　　嘮叨的人有可能是出於好心，其實是多心。多心就會不放心，不放心難免對人沒信心，最後變成事必躬親，弄得離德又離心。如果無法自我節制，最容易激發他人故意唱反調，引起反效果。可以說是愈嘮叨，愈糟糕，甚至沒事搞成一團糟。不是嗎？

會聆聽的人容易成功

　　美國的汽車推銷大王喬治・吉拉德在他的推銷生涯中，總共賣出了一萬多輛汽車，其中更包含了一年之內賣出一千四百二十五輛的紀錄。雖然他的銷售成績十分輝煌，但這也是經過多次失敗才得到的成績。

　　有一天，一位很有名氣的富豪特別來向他買車，吉拉德非常賣力地為富豪解說車子的各種性能，原以為富豪會覺得很滿意，但是，出乎他意料之外的，富豪最後竟改變了心意，不向他買了！這讓一向以自己的推銷能力自豪的吉拉德非常疑惑，很想知道到底是哪裡出了問題。吉拉德思考了一整天，還是不明白自己的失誤在哪裡，於是到了半夜十二點時，終於忍不住打電話去詢問富豪，到底為什麼不買他的車？

　　富豪拿起電話，一聽是吉拉德，便很不耐煩地說：「你知不知道現在已經十二點了？」

　　吉拉德説：「很抱歉，先生。我知道現在打電話很不禮貌，但我真的很想知道您不跟我買車的理由！能不能請您告訴我，究竟我讓您不滿意的地方在哪裡？」

　　富豪沉默了一會兒，開口說道：「既然你想知道，那麼我就告訴你吧！你的銷售能力真的很強，但是，我不喜歡你今天下午的態度。我本來已經決定買了，可是在簽約前，我跟你提到我兒子的事情時，你卻表現出一副蠻不在乎的態度，而且你一邊準備收我的錢，一邊聽辦公室門外另一位推銷員在講笑話，這讓我覺得很不受尊重。我就是因為你的態度，才打消了買車的念頭。」

【學做人】

　　不懂得聆聽重要性的人，常是人際交往中的失敗者。

　　從事銷售相關工作的人都知道，惟有滿足顧客的要求，才能成功地達成銷售商品的目的。但是，如何才能知道顧客的需求呢？這就得靠專注地傾聽，才能達到讓顧客滿意的效果。

　　「傾聽」，是每個人都必須認真學習的一門功課。在日常生活中學習聽話，可以讓你擁有良好的人際關係；而在銷售商品時學習聽話，才能讓你贏得顧客的信賴。

善意的謊言

在一次盛大的豪華舞會上,甲對舞會的主人——一位徐娘半老,但風韻猶存的女士説:「看到您,不禁使我想起您年輕的時候。」

女士微笑著問:「我年輕的時候怎麼樣?」

「很漂亮。」甲回答。

「難道我現在不漂亮嗎?」女士開玩笑的問。

沒想到甲竟然非常認真的回答:「是的,比起年輕時候的您,您現在的皮膚不但鬆弛,缺少光澤,甚至還有不少皺紋。」

這位女士聽完甲的回答,臉上一陣白一陣紅,十分尷尬地瞪著甲,剛才的自信完全消失了。

就在這個時候,乙適時出現在這位女士的面前,彬彬有禮地伸出手,對她説道:「不知道我有沒有這個榮幸,邀請這個舞會上最漂亮的女士一起跳舞呢?」

女士的眼睛頓時亮了起來,接受了乙的邀請,兩個人在舞池裡跳了一曲。

這位女士像突然變了一個人似的,全身散發著迷人

的魅力，就像個漂亮的年輕女孩！

　　舞會過了沒幾天，甲和乙同時收到一封訃文，那位女士突然死了。不過，乙比甲還多收到了一封遺囑，這位女士在遺囑中註明，將自己所有的財產留給乙。

【學做人】

　　有一句西洋諺語：「一滴蜂蜜能比膽汁招來更多的蒼蠅」，說明了甜言蜜語比毫不留情的實話更能夠吸引別人。

　　雖然說謊不是好事，而且謊言一旦被戳穿，下場往往比說實話還慘；但是偶爾一兩句善意的謊言，會帶來令人意想不到的驚喜效果。

山羊鬍子的幽默

珍珠港事變之後，尼米茲元帥接任美軍太平洋艦隊司令的職務。

他為人平易近人，遇事沉著穩定，留著一把鬍子，士兵們背後都叫他「老山羊鬍」。

有一天，他乘坐的旗艦在海上遇到敵人的軍艦，雙方立刻展開猛烈的炮轟，尼米茲一連指揮好幾個鐘頭，覺得有點疲倦，便叫旁邊一個水兵替他端一杯咖啡來。

水兵離開沒多久，因為日機來襲，尼米茲便下令熄燈，一下子整條旗艦陷入漆黑。

水兵端了咖啡，在黑暗中到處找尼米茲，找了很久都沒找到，便很不耐煩地說：「咖啡來了，可是這個『老山羊鬍』哪裡去了？」

尼米茲就恰恰站在他旁邊，便回答說：「山羊鬍子就在這裡，不過下次要記住，最好不要加個『老』字！」

【學做人】

　　幽默感，可以調劑精神生活，鬆弛我們緊張的情緒，並進而促進人與人之間情感與心靈的交流。

　　尼米茲因為有充分的幽默感，所以能絲毫不介意屬下對他不敬的稱呼，輕鬆地化解了尷尬的場面。

多言無異

有人問墨子：「多說話有沒有益處？」

墨子回答他：「青蛙、蛤蟆日夜不停地叫，也沒人注意到牠的存在，甚至還會引起人的厭煩，可是公雞每天按時啼叫，一啼天下就知道是天亮了。可見話說多了並沒有好處，只要說的是時候就行了。」

 **【學做人】**

平時和朋友聊天，若是滔滔不絕地講個沒完，就會給人「沒修養」的感覺；況且話說多了，出言又不夠慎重，難免會在無意間得罪了別人。這就是所謂的「言多必失」、「禍從口出」了，意在提醒大家話多的害處。

有些人為了表現自己很有知識，動不動就說大話，自吹自擂，結果說破了嘴皮子也沒人理會，不但如此，還常常會招人嫌厭。相反地，有些人平常不大開口，可是一說起話來頭頭是道，條理分明，讓人打心底佩服他的見地，這樣的人才應該是我們學習的對象。

偉大的外交官

晏子奉命出使到楚國，楚國人看晏子身材矮小，有意刁難，故意不開城門，只開旁邊的側門讓他進城。

晏子知道楚國人故意侮辱他，便不肯進去，說：「出使到狗國才開狗門。今天我是到楚國，不應該走這個門。」

帶路的人很不好意思地大開城門讓他進去。

上殿拜見了楚王，楚王又故意譏笑他說：「齊國難道沒有人才嗎？為什麼會遣你來？」

晏子回答說：「齊國的國都很大，人民多到張開袖子便足以乘涼，流汗便像下雨，怎麼會沒有人才？」

楚王又問：「那為什麼派你來？」

晏子回答：「齊國派任大使，是看情形而定的。賢能的人出使君主賢明的國家，不賢能的人出使君主不賢明的國家。我是所有外交使節中最沒有才幹的人，所以被派到楚國來了。」

【學做人】

晏子以他舉世無雙的口才，不客氣地駁回楚王不友善的嘲諷，不但為自己出了一口氣，也替國家爭了光，真可以算是歷史上最偉大的外交官。

反過來說我們接待客人，應該慇勤而有禮，使客人有賓至如歸的感覺，不可以像楚王一樣言語尖酸刻薄，結果到頭來不但譏笑別人不成，反而自取其辱，罵了自己。

正誤之道

有個老婦向鄰人抱怨某藥房對她服務態度不好，希望鄰人將她的不滿轉告給藥房老闆。

有一天，老婦去藥房時，老闆熱情歡迎，並立即給她配好藥方，還說如果她有什麼需要，可以隨時來找他。

後來，那個老婦跟鄰人說起此事：「你把我的不滿轉告給他還真有用。」

「噢，不是，我沒有那樣做，」鄰人說，「我只是告訴他，你很佩服他的敬業精神，說你覺得他的店是你光顧過的最好藥房之一。」

【學做人】

冰冷的真話，讓人六月寒心；暖洋洋的假話，讓人三冬溫暖。但撒謊的前提是利他而不利己。

女孩與花的私語

有個小女孩站在花叢中，正扶著花枝，歪著腦袋，煞有介事地對花私語。詩人走過去，靠近她，蹲下身去，問：「你在說些什麼呀？」

女孩道：「我說，花朵你好漂亮啊。」

「花朵能聽到你的話嗎？」

「能的，」小女孩很自信，「只要靠近它，它就能聽到你說的話。」隨後，她又機靈地說：「你對我說話時，不也是蹲下來，靠近我的嗎？」

孩子的天真，讓詩人不禁笑了起來。詩人並不懷疑女孩所說的真實性。詩人相信女孩與花的心靈是相通的。詩人牽著可愛的女孩，默默地走上回家的路。此時，女孩剛才的一番話仍縈繞於心，讓詩人心生感觸。

【學做人】

要求得人與人之間的理解和溝通，首先就得用心貼近他人，縮短人與人心靈的距離。只要用心交流，你也能聽到花的私語。

你開車開得好極了

朋友有一次講過這樣一個故事：

他和他的一位朋友同乘一輛計程車。下車時，他那位朋友對司機說：「謝謝你。你開車開得好極了。」

司機愣了一下，然後說：「你是在開玩笑還是什麼？」

「不，老兄，我不是開你的玩笑。交通那麼擁塞而你卻能保持冷靜，我很佩服。」

「噢。」司機應了一聲便開車走了。

「這是怎麼回事？」我問。

「我是想使人們恢復愛心，」他說，「只有這樣才能拯救這個城市。」

「一個人怎能拯救這個城市？」

「不是一個人，我相信我已使那個計程車司機今天整天都心情愉快。假定他今天要載客二十次，他將會因為曾經有人待他好而待那些客人也好。然後那些客人也會對他們的僱員、店主、侍者甚至自己的家人更加和顏悅色。而那些人也會因此而待別人好。到最後，這份好

心善意可能傳達給至少一千人。這樣並不壞吧，是不是？」

【學做人】

　　情緒會傳染人的，我們的愛心也會在彼此的交流溝通中相互傳遞。舉手投足之間的善意，可以帶給別人快樂。只要我們相信，只要我們去努力。

學者和愚者的區別

有個人問阿凡提：「學者和愚者的區別，在什麼地方？」

阿凡提回答說：「學者好比結滿果子的樹枝，總是低低地俯著身子，眼睛瞅著地，心裡很踏實；愚者好比不結果實的樹枝，眼睛望著天，乾乾癟癟，腹中空虛，略微吹來一點風，就左右搖晃，來回擺動。」

【學做人】

有的人只重視門面，好像一座因修建資金不夠只修完門面的房子，入口處像宮殿一般輝煌，裡間的屋子卻像草棚一樣簡陋。你在他們的房子裡找不到休息的地方，儘管他們自己總是在休息。他們一旦和你把該說的客套話說完之後，就無所事事了。

他們最初的應酬話，活潑生動得像西西里的駿馬，接下來空間就會變得像修道院一樣安靜。

正如培根說，若想口中的話語源源不斷，舌根後就應該有智慧的清泉汩汩注入。

123

以自身的體會去安慰別人

有個老婦人唯一的兒子生病死了，她非常悲傷，便請教大師：「你知道有什麼方法能使我的兒子復活嗎？」

大師說：「我有辦法，但你要先去找一杯活水給我。這杯水必須來自一個從來沒有痛苦的家庭。有了這杯水我就可以救活你的孩子。」

老婦人聽了十分高興，立即去尋找這杯水。可是無論她到鄉村或城市，她發現每一個家庭都有自己的痛苦。最後，老婦人變成了為安慰別的痛苦而忙碌的人，在不知不覺中早已忘了找水的事。就這樣，在她熱心的付出中，喪子的哀傷悄悄離開了她的心裡。

 **【學做人】**

其實，每個人都難免遭遇哀傷，以自身的體會去安慰別人，不僅可以幫助我們更快地趕走憂傷，同時也使他人得到最深切的安慰與祝福。

Chapter 03

雖千萬人，吾往矣
我就做我自己

不要害怕當傻瓜，只要相信自己，勇往直前，就一定可以做到。

Don't Be Afraid Fool

CLAP
CLAP

只有一條腿的烤鴨

有一位商人喜歡吃烤鴨，就高薪聘請了一位有名的烤鴨廚師。

有一天，商人奇怪地發現廚師端出來的烤鴨只有一條腿，一連幾天都是如此，商人也不好意思問。

這天中午，商人發現鴨子又是只有一條腿，他實在忍不住了，就問廚師：「這鴨子怎麼只有一條腿？另外一條腿哪裡去了？」

廚師回答說：「老闆，鴨子本來就只有一條腿啊。」

「胡說！」商人生氣了。

「不信我帶你去看。」廚師說。

於是商人就跟著廚師到後院。當時正值中午，天氣很熱，鴨子都在樹下，縮著一條腿而以單腿站著休息。

「老闆，你看鴨子不是都一條腿嗎？」

商人實在很生氣，就用力拍拍手，鴨子受驚了，就站起來逃了。這時商人反問道：「你看，鴨子不是有兩條腿嗎？」

　　廚師回答說：「老闆，你如果早點拍拍手，那麼鴨子早就有兩條腿了。」

【學做人】

　　不吝於讚美別人，把你的掌聲和鼓勵適時地送給那些喜歡他的人。他們受到激勵後，也會更加努力地對你，你也將可以得到更多的回饋。

我就愛你現在這個樣子

有位參加美國公共關係卡耐基訓練班的學員，把寬容的原理運用到自己的家庭，使得家庭關係十分融洽。

一天，妻子請他講出自己的六條缺點，以便改進而成為更好的妻子。這位學員想了想說：「讓我想一想，明天早晨再告訴你。」

第二天一大早，學員來到鮮花店，請花店送六朵玫瑰給妻子，並附上一個紙條：「我實在想不出你需要改變的六個缺點，我就愛你現在這個樣子。」

當這位學員晚上回到家時，妻子站在門口迎接他，她感動地幾乎要流淚。從此，他認識到寬容和讚賞的力量。

【學做人】

寬容、自由、尊重都是築就美滿婚姻的秘訣。在對方的缺點和不完美中找到好的可愛的地方，直到讓對方滿意——這就是寬容別人的錯誤收到的效果。

給人應有的關注

有一年夏天，天氣又悶又熱，弗爾帕斯教授走進擁擠的列車餐車去吃午飯。

在服務員遞給他菜單的時候，他說：「今天那些在爐子邊燒菜的小伙子一定是夠受的了。」

那位服務員聽了以後，吃驚地看著他說：「來這兒的人不是抱怨這裡的食物，便是指責這裡的服務，要不就是因為車廂內悶熱大發牢騷。十九年來，你是第一個對我們表示同情的人。」

【學做人】

人們所需要的，是一點作為人所應享有的關注。一個人最大的悲哀是在一個陌生的環境裡沒有人在意他的存在，寂寞的根源在於沒有人覺得你重要。

傳遞信息的三個篩子

有個人急急忙忙地跑去告訴某位哲人：「我有個消息要告訴你……」

「等一等，」哲人打斷了他的話，「你要告訴我的消息，用三個篩子篩過了嗎？」

「三個篩子？哪三個篩子？」那人不解地問。

「第一個篩子叫真實。你要告訴我的消息，確實是真的嗎？」

「不知道，我是從街上聽來的。」

「現在再用第二個篩子審查吧。」哲人接著說，「你要告訴我的消息就算不是真實的，也應該是善意的吧。」

那人躊躇地回答：「不，剛好相反……」

哲人再次打斷他的話：「那麼我們再用第三個篩子。請問，使你如此激動的消息很重要嗎？」

「並不怎麼重要。」那人不好意思地回答。

哲人說：「既然你要告訴我的事，既不真實，也非善意，更不重要，那麼就請你別說了吧！這樣的話，它

就不會困擾你和我了。」

【學做人】

　　想一想我們平時著急告訴別人的事情，是不是也像這個人要告訴哲人的消息一樣對人對己毫無益處呢？

　　也許，先用「真實、善意、重要」這三個篩子篩一下要說的話，我們就會發現，很多話其實根本不必說，也不用說。

　　當你管好了自己的嘴，就能管好自己的生活。

一輩子也忘不了的傷害

在茂密的山林裡，一位樵夫救了一隻小熊。母熊對樵夫感激不盡。有一天樵夫迷路借宿熊窩，母熊安排他住宿，還以豐盛的晚餐款待了他。第二日清晨，樵夫對母熊說：「你招待得很好，但我唯一不喜歡的地方就是你身上的那股臭味。」

母熊心裡怏怏不樂，但嘴上說：「作為補償，你用斧頭砍我的頭吧。」樵夫按要求做了。

若干年後樵夫遇到母熊，問她頭上的傷口好了嗎？

母熊說：「噢，痛了一陣子，傷口癒合後我就忘了。不過那次你說過的話，我一輩子也忘不了。」

【學做人】

真正傷害心靈的不是刀子，而是比刀子更厲害的東西——語言。

我們在生活中有時與人說話會給對方造成傷害，這是我們必須謹慎的，這樣的「刀子」太傷人了。

用對方所能接受的、
所熟悉的語言

孔子在路邊休息。車駕的馬匹鬆了韁繩，跑去吃了別人的莊稼。

那戶種田的人就把孔子的馬給牽走了。

子貢經孔子允許，前去索要馬匹。子貢像搞外交似的，運用辭令，說得文謅謅的。

那個種田人根本聽不進去，也不肯把馬還給子貢。子貢只好回來向孔子覆命。

這時，孔子一行人中有一個剛剛拜孔子為師的村野之人，請求孔子允許他前去索要馬匹。

他走過去對那種田人不客氣地說：「你並不是把地種到了東海上邊，我也不是在東海裡走路，活人總是要碰面的嘛！我的馬要怎麼才能避免吃到你的禾苗呢？」

那個種田人聽了這話挺高興，回答說：「說話要是都像你這麼說就好了，多有說服力呀！像剛才來的那個人那樣，說了半天也沒說明白。」說著，就解開拴繩，把馬交給了來人。

【學做人】

想與人交流，必須瞭解對方，運用對方所能接受的、所熟悉的語言和所喜聞樂見的形式，才能使對方欣然接受你的意見或主張。

用幽默推銷自己

美國有一位大學畢業生急於找到工作。一天，他跑到一家報館自我推薦。他找到一位經理問道：「你們需要一個好編輯嗎？」

「不需要！」

「那麼記者呢？」

「不，我們這裡現在什麼空缺也沒有！」

「那麼，你們一定需要這個東西。」

大學生拿出一塊精緻的牌子，上面寫著：「額滿暫不僱用。」

經理感到眼前的這位小伙子很有意思，便立刻打電話把這件事情報告老闆。

隨後，他笑嘻嘻地對大學生說：「如果您願意，請到我們廣告發行部來工作。」

這位青年用幽默推銷自己，終於打破了僵局，找到了工作。後來，他表現出色，成了那家報館的經理，使報紙的日銷售量從五萬份左右提高到三十多萬份。

【學做人】

學會推銷自己，並非一句空洞的説教。

推銷自己的過程，其實就是一次全面展示才學、品行、智慧的過程，是無法臨時抱佛腳式地應付的。

無法拒絕的約請

有一個雜誌的編輯，是邀作家寫稿的高手。

他本人並不屬於能言善道之人，他對付作家們「我太忙了！無法寫稿……」的竅門只需一句話：「我當然知道你很忙，正因為你忙，我才來邀你寫稿，那些太閒散的人是不會有好作品的。」

根據這種心理對症下藥，他從未失敗過。

【學做人】

這位編輯抓住對方的心理，首先將對方的理由誇獎一番，把對方「不」的否定回答巧妙利用，使其不得不說出「行」來，即使對方不太樂意，也只有答應。

雷根夫婦的表演

聰明的政治家不僅不會因尷尬情境而手足無措、神情沮喪，還懂得抓取當下的幽默題材，以聰明機智扭轉局勢，使之向有利於自己的方向發展。

一次，美國總統雷根在白宮的鋼琴演奏會上致詞，第一夫人南希不小心連人帶椅從台上跌落到台下的地毯上，不過她很快就靈活地爬起來，回到自己的座位上。

觀眾席中有一半是為她出了洋相，另一半則是為她敏捷的舉動而熱烈鼓掌，但不管怎樣，這個意外的插曲對於正在演講的總統來說，情境是非常尷尬的。

或許不少別有用心的記者會因這情境的幽默滑稽而興奮不已。

但雷根不愧是老牌政治家，他先察看了一番，知道夫人並沒有受傷，便俏皮地說道：「親愛的，我告訴過你，只有在我演講得不到熱烈掌聲的時候，你才該做這樣的表演。」

【學做人】

　　誰都知道，雷根講的不是真話，但這隨機應變的調侃，臨場發揮的機智，化解了各種幸災樂禍、擔憂和尷尬的心理情緒，產生了良好的效果。

弦外之音

白宮午宴上，一位女士與柯立芝總統十分器重的某位大使展開了唇槍舌戰。這個女士故意貶低對方，說他粗野、魯莽、無知。這時，一隻大黑貓懶洋洋地來到餐桌旁，靠著桌腳抓起癢來。

柯立芝轉過身對右邊的人說：「這隻貓已是第三次來這裡搗亂了。」這句話說得很大聲，坐在總統左邊的那位凶悍的女士聽見了，馬上安靜下來，整個午宴期間，再也沒有聽到她再大聲嚷嚷。

【學做人】

一向彬彬有禮的總統，會在溫文爾雅的社交場合突然大聲指責起貓來，其中的含義在場人都會心照不宣。這就是所謂的「弦外之音」。這樣一來，柯立芝既巧妙地表明了對那位婦女無聊爭執的反感，又不至於影響宴會的氣氛，可謂一舉兩得。

只有我們倆反對

大文豪蕭伯納的新作首次公演，獲得很大成功。廣大觀眾在劇終時要求蕭伯納上台，接受大家的祝賀。

可是，當蕭伯納走上舞台，準備向觀眾致意時，突然有一個人對他大聲喊道：「蕭伯納，你的劇本糟透了，誰敢看？收回去，停演吧！」

觀眾們大吃一驚，大家想，蕭伯納這回一定會氣得渾身發抖，並用高聲的抗議來回答那個人的挑釁。

誰知蕭伯納不但沒有生氣，反而笑容滿面地向那個人深深鞠了一躬，彬彬有禮地說：「我的朋友，你說得很好，我完全同意你的意見。但遺憾的是，我們兩個人反對這麼多觀眾有什麼用呢？就算我和你意見一致，可是我們能禁止這場演出嗎？」幾句話引起全場一陣暴風雨般的掌聲。

那個故意挑釁的傢伙，在觀眾的掌聲中碰了一鼻子灰，悻悻地走了。

【學做人】

當眾受人指責是難堪的事情，蕭伯納一反常人做法，沒有對故意尋釁者反唇相譏，而是大度地讚賞了對方，使其失去鋒芒，然後話鋒一轉，點明其孤立難堪的地位，最終使對方不戰而敗。

柯立芝的別出心裁

麥考密克太太——伊利諾州參議員梅迪爾‧麥考密克的夫人——四處遊說，動員了芝加哥的波蘭人去總統府請願。他們的目的是要聯邦政府對一名著名的波蘭裔芝加哥人作出公正裁決。

請願成員被領進總統辦公室。

他們在一旁靜候著。柯立芝總統臉色陰鬱，坐在靠椅上，注視著一條地毯。過了很久，柯立芝說：「這地毯真不錯！」

請願人員禁不住笑了。他們帶著希冀的神色，附和地點點頭。

柯立芝又說：「這是一條新地毯，花了一大筆錢哪！」

請願人員笑得更厲害了。

柯立芝最後說：「這條新的比那條舊的耐用。好啦，我試著為你們找個法官吧？」會見結束了。

【學做人】..

　　總統接待請願團，本來是一件非常嚴肅的政治活動，弄不好就會形成難堪的僵局。

　　柯立芝一反常態，使此事一開始就帶有喜劇色彩，使嚴肅認真的請願人員解除了精神武裝，在眾人哈哈的笑聲中，他突然話鋒一轉，適時點明主題。如此處理政治難題，可謂別出心裁。

請握住我的手

在一七五四年，當時已是上校的喬治・華盛頓率領部下駐防亞歷山大市。這時正值維吉尼亞州議會選舉議員。

有一位名叫威廉・佩恩的人反對華盛頓支持的一個候選人。有一次，華盛頓就選舉問題與佩恩展開了一場激烈的爭論，爭論中說出了一些極不入耳的髒話。佩恩火冒三丈，揮拳將華盛頓擊倒在地。當華盛頓的士兵聞訊趕來想為長官報一拳之仇時，他卻阻止並說服大家平靜地退回了營地。

第二天早晨，華盛頓托人帶給佩恩一張便條，請他盡快到當地一家酒吧會面。佩恩神情緊張地來到酒吧，料想必有一場惡鬥。出乎他的意料，迎接他的不是手槍而是友好的酒杯。

華盛頓站起身來，笑容可掬，伸出手歡迎他的到來，並真誠地說道：「佩恩先生，人誰能無過，知錯而改方為俊傑。昨天，確實是我不對。你已採取行動挽回了面子，如果你覺得那已足夠，那麼就請握住我的手

吧，讓我們來做朋友。」

這場風波就這樣友好地平息了。從此，佩恩成了華盛頓的崇拜者。

【學做人】

怨恨就像一團麻，要想解開，必須有足夠的耐心和善心。心胸狹窄的人，只會用極端的辦法加劇矛盾。華盛頓所表現出來的境界是值得稱道的。

莫扎特的忠告

有音樂神童之稱的莫扎特成名很早，美名遠揚。

有一天，一位貴族特意帶著孩子來向莫扎特求教，而類似這樣的事情莫扎特幾乎每天都會遇到。

這位偉大的作曲家盡量耐心地聽著那位孩子的彈奏，好不容易彈完了，莫扎特照舊很有禮貌地勉勵那位年幼的演奏家說：「你有天賦，好好練習吧！你會有作為的。」

那位貴族家長聽了非常高興，又接著問：「我這孩子很喜歡作曲，請大師再告訴他應該怎樣開始！」

「首先要多多學習，再長大一些就會有時間考慮如何作曲的。」莫扎特克制著自己不耐煩的神情回答說。

「他已經十四歲了，可您本人十三歲就開始作曲了！」那位貴族趾高氣揚，顯然對莫扎特剛才的回答不滿意。

莫扎特微笑著說：「先生，您說得很對。但有一點我與您的愛子不同，我可從來沒有問過別人我應該怎樣開始啊。」

　　貴族一聽，臉立刻紅了，只好起身告辭。

【學做人】

　　碰上這樣無休止的糾纏是件令人不快的事，莫扎特一句機敏的回話，就使對方明白了自己的處境，如再糾纏下去，是不適宜的。

魯迅理髮

在一九二六年，魯迅到廈門大學執教，往往幾個月才理一次髮。理髮師見他長髮垂耳，穿一件褪了色的灰長袍，穿一雙舊布鞋，心中便瞧不起，只是馬馬虎虎地為他理了髮。理完後，魯迅隨手抓了一把銅元遞了過去，然後抬頭挺胸揚長而去。理髮師發現他付的錢是定價的三倍多，不由對他刮目相看。

過了一段日子，魯迅又來理髮，穿著打扮仍然和上次一樣，但理髮師卻視為上賓，送茶敬煙，精工細剪。

理完髮，魯迅照價付款，並沒有多付一塊錢。理髮師非常納悶，便問道：「先生上一次給那麼多的錢，為什麼這次如此少呢？」

魯迅笑道：「上次你給我亂剪，我付款也就亂付。這次你認真地理髮，我自然也就按規矩付錢。」

【學做人】

以貌取人是社會上一些勢利眼的通病，魯迅以他那慣用的手法，不露聲色中給理髮師以辛辣的嘲諷。

讓章太炎放棄絕食

在一九一四年，章太炎被袁世凱幽禁在北京龍泉寺。章非常氣憤，宣佈絕食。

章太炎絕食，震動四方。第二天，他的幾個著名入門弟子錢玄周、馬夷初、吳承仕等去看望他。從早到晚，弟子們勸他復食，章太炎躺在床上，兩眼翻白，一味搖頭。

這時，深知先生個性的吳承仕靈機一動，想起了三國故事，便說：「先生比禰衡如何？」

章太炎瞪了一眼說：「禰衡怎麼能比我？」

吳承仕連忙道：「劉表當年要殺禰衡，自己不願戴殺士之名，就指使黃祖下手。現在，袁世凱比劉表高明多了，他不用勞駕黃祖這樣的角色，叫先生自己殺自己！」

「什麼話？」章太炎一聽，一骨碌翻身跳下床來。

弟子們一看，趕忙趁機拿出了荷包蛋等先生愛吃的食品，讓他吃下去。

【學做人】

　　要說服對方，必須瞭解對方，剛直不阿的章太炎豈能用一般小道理就能說服，拿歷史上不畏強暴的英雄式人物作比，又巧妙地點明了章太炎的絕食之舉是大丈夫不為的行動，便句句切中章太炎的心病，不由他不放棄絕食。

世界上最偉大的推銷員

喬‧吉拉德被譽為世界上最偉大的推銷員，他在十五年中賣出一萬三千零一輛汽車，並創下一年賣出一千四百二十五輛，平均每天四輛的紀錄，這個成績被收入《金氏世界紀錄》。

記得有一次一位中年婦女走進他的展銷室，想在這兒看看車打發一會兒時間。閒談中，她告訴喬她想買一輛白色的福特車，就像她表姐開的那輛，但對面福特車行的推銷員請她過一小時後再去，所以她就先來這兒看看。她還說這是她送給自己的生日禮物：「今天是我五十五歲生日。」

「生日快樂！夫人。」喬一邊說，一邊請她進來隨便看看，接著出去交待了一下，然後回來對她說：「夫人，您喜歡白色車，既然您現在有時間，我給您介紹一下我們的雙門轎車也是白色的。」

正談著，女秘書走了進來，遞給喬一打玫瑰花。喬把花送給那位婦女：「祝您長壽，尊敬的夫人。」

顯然她很受感動，眼眶都濕了：「已經很久沒有人

送禮物給我了。」她說，「剛才那位福特推銷員一定是
看我開了部舊車，以為我買不起新車，我剛要看車他卻
說要去收一筆款，於是我就來這兒等他。其實我只是想
要一輛白色車而已，只不過表姐的車是福特，所以我也
想買福特。現在想想，不買福特也可以。」

最後她向喬買走了一輛雪佛萊，並寫了張全額支
票，其實從頭到尾喬的言語中都沒有勸她放棄福特而買
雪佛萊的詞句。只是因為她在這裡感受了重視，於是放
棄了原來的打算，轉而選擇了喬的產品。

【學做人】

　　許多業務員在語言上運用的方法和技巧，在複雜多
樣的生活中，也是可以靈活使用的。你會發現，原來語
言可以達到意想不到的奇效。

言多必失

　　小玲與心目中的白馬王子張生共墜愛河。有一天奉父母之命把男友請回家吃飯，二位老人家對張生的外表與言談舉止都非常滿意。唯一美中不足的是：張生是一個無宗教信仰的人。最後老人家決定向他闡釋佛教的好處，於是，張生開始對佛教產生了興趣。可是後來遲遲不見他們有結婚的行動，老人一問才知二人早已分手。

　　老人大吃一驚說：「怎麼啦，小張不是已經接受了佛教嗎？你們是天生一對好鴛鴦啊。」

　　小玲哭得更傷心說：「對呀，他就是相信才出家當和尚了。」

【學做人】

　　在說話辦事時，必須注意對方的反應。一旦對方已經感興趣時就應打住，不要再長篇大論，以為說的越多越好。豈知言多必失，往往因多言而被對方看出破綻改變意願。

　　記住，別把話說的太過頭，留點懸念和餘地給將來。

請不要指手劃腳

有四隻母雞，常在一塊覓食、娛樂。一隻是黑色的，其他三隻都是白色的。

那三隻母雞經常以她們潔白的羽毛而炫耀：「看我們多整潔，我們天生是高貴的血統，與白天鵝相差無幾。」並不停地奚落黑母雞：「你看她多難看，烏漆嘛黑的，不會有多大出息。」

可是黑母雞卻生了九顆白白的雞蛋準備孵小寶寶。

三隻白母雞羨慕的同時，卻又七嘴八舌批評道：「黑母雞生的都是一色的白蛋，太單調，不符合美學搭配。」

另一個說：「哼，看那雞蛋，沒稜沒角的，沒有什麼特色，要是我一定不是這樣。」

最後一個說：「哼，那雞蛋一頭大，一頭小，一點也不對稱。」

黑母雞面對這些話，一聲不響，用心地孵化小寶寶。二十天後，一個個毛茸茸的小雞破殼而出，親暱地圍在黑母雞身邊。

　　黑母雞對前來評頭論足的三隻白母雞說：「無論你們怎麼說，都不會擁有我的快樂。」

【**學做人**】⋯⋯⋯⋯⋯⋯⋯⋯⋯⋯⋯⋯⋯⋯⋯⋯⋯⋯

　　對他人指手畫腳，卻不顧客觀事實，不知是羨慕還是嫉妒。在評論別人的同時，不妨想想自己的論斷是否太苛刻。

籠子與鳥

有兩個人曾經打賭。甲説：「如果我送你一個鳥籠，並且掛在你客廳中顯眼的地方，那麼你就會買隻鳥回來。」乙不信説：「養隻鳥多麻煩啊，我肯定不會買。」於是甲就去買了一個漂亮的鳥籠給乙，讓乙掛在客廳中引人注意的地方。

結果可想而知。人們走進乙的客廳，就會問他：「你的鳥什麼時候死了，怎麼回事？」

「我從來沒養過鳥。」乙回答。

「那麼，你掛鳥籠幹什麼呢？」朋友奇怪地看著乙，看得乙都覺著自己好像真的有了什麼問題：缺少愛心，漠不關心動物……

乙最後還是去買了隻鳥，放入那個漂亮籠子中，因為他發現，這比無休止地向大家解釋要簡單得多。

【學做人】

人類的弱點就是經常在頭腦中掛上籠子，然後不得已只好往裡面裝進些什麼東西。而這一切皆源於言論。

157

看見魔鬼在招手了嗎

　　美國汽車大王亨利‧福特從小就對車子有一股莫名的熱愛，早在人們還把車子當成一種奢侈品，認為是有錢有閒後才能享受的「玩物」時，福特就已經洞燭先機，比別人早一步發現車子的便利性，並覺得車子成為日常生活的必需品是時勢所趨。

　　因此，他全力以赴，率先製造兩款新型賽車，並且以流線的外型擊敗了所有對手，贏得高額獎金，隨後一手創辦了「福特汽車公司」。

　　福特積極地開發市場，生產最耐用的小汽車，以低廉的售價吸引了許多小家庭與年輕族群。他打破傳統，致力於增強車子的實用性，而且不講求排場，所以一舉在市場上闖出響亮的名號。

　　福特並不以此為滿足，他乘勝追擊，不斷地研發、改進自己的生產線，並擴大生產規模，到了三〇年代初期，便已賺進億萬美元了。

　　接二連三的勝利雖然奠定了福特的信心，但也衝垮了他的危機意識。任何人的意見對他而言都是耳邊風，

他認為事實擺在眼前，只有自己的決策是永遠正確的，使得一些有理想的屬下完全沒有施展抱負的機會，於是紛紛跳槽到別家公司。

福特公司的人才逐漸凋零，面對競爭對手不斷地推陳出新，完全不知所措、欲振乏力。最後，福特公司面臨了巨大的虧損，多年來的苦心經營差點就付之一炬。

【學做人】

人生是一幕鬧劇，你要扮演怎樣的角色，是我行我素，還是聽任指揮？我們的教育將我們炮製成為一樣的人，何不保留一點自己的個性，只要是自己認準的，誰都不能改變。請你就做一回自己吧！

不要做別人的影子

著名的喜劇大師卓別林，剛踏入影壇時，演技還很生澀，很多電影導演都建議他去模仿當時德國的一位名演員，認為如果可以學到他的五成功力，在演藝圈立足就已經綽綽有餘了。

但是，卓別林不願意接受這些意見，他生性好強，覺得自己深具演員的天賦，只要有機會多加磨練，一定可以闖出一番名堂。

他對那些導演說，如果刻意去模仿別人，那就失去了演戲的樂趣，少了樂趣，又怎麼能激勵自己進步？

因此，卓別林決定創新自己的表演風格，不盲目跟從別人已經做過的事，而努力從生活的各個角落取材，然後以誇張的肢體動作，扭曲的面部表情創造出喜感。

更難得的是，卓別林把許多複雜的小動作結合在一起，使這些動作首尾相連，一氣呵成，從中衍生出無窮的喜感，深受觀眾與導演的喜愛。

卓別林始終堅持自己的想法，從自己的腦袋裡迸出許多新點子，而不去模仿現成的表演。

他覺得如果只是模仿別人，就算做得再好，也不過是別人的影子，不但沒有自我，也無法創造出一塊屬於卓別林的金字招牌。

所以，想留下響亮的名聲，就必須創造出一套別人無法取代的風格，運氣也許有好有壞，道理卻是永遠相同的，只有走在最前頭，才是最有機會成功的人。

【學做人】

我們時常羨慕別人長得美、穿著有品味，或者談吐高雅脫俗，因此一味地想要模仿別人，希望自己能夠變成另外一個他。

如此地精心打扮、刻意模仿，就算真的成了另外一個他，但你自己卻到哪裡去了呢？

演藝圈正是一個最好的寫照，能夠在裡頭闖出一番名堂的人，每一個都有自己的特色，抄襲別人或模仿別人的後果，會受到最嚴厲的輿論攻擊，那是奇恥大辱，

人人得而討伐之。

　　並不是追隨別人的路程，就可以採擷到相同的果實，因為沿途最好的果實，早就已經被別人捷足先登了，跟著別人屁股走，你所得到的，即使一時成功了，也不過是泡沫而已。

　　別忘了，這是你的生命，你有權利選擇，站在你自己的鎂光燈下，不做別人的影子。

低估別人，等於看輕自己

匈奴王冒頓殺害了親生父親，篡奪王位之後自立為單于，鄰國的東胡王趁著匈奴異變，想趁機敲詐一番。

東胡王趁著冒頓的王位還沒坐穩，便派使者前往匈奴，命令冒頓交出他的千里馬以換取和平。

朝中大臣知道了這件事後，個個火冒三丈，認為東胡王擺明了就是勒索，連忙進諫冒頓單于：「千里馬是我們的寶物，怎麼可以讓他說要就要呢？」

冒頓知道自己才剛奪得大權，若是與東胡王動起干戈，恐怕無力抗衡，因此不理會大臣們的意見，搖著頭說：「我們兩國為鄰，送匹馬作見面禮也未嘗不可。」於是，他便把千里馬拱手讓給了東胡王。

沒想到東胡王竟然食髓知味，才隔了幾個月，又派遣使者前來索求冒頓的一名寵妃。

朝中上下聽了這項過分的要求，無不義憤填膺，請求冒頓單于一定要出兵討伐，以維護自己的立場。

然而，冒頓卻無視群臣的抗議，只淡淡然地說：「為了一名女子而兵戎相見，死傷的會是更多無辜的人

163

民，實在沒有必要。」於是又把寵妃獻給了東胡王。

東胡王看見冒頓如此唯命是從，於是更加變本加厲，命使者再次前往匈奴索求兩國交界的一塊土地。這塊土地荒涼貧瘠，無人居住也毫無作用，於是大臣們向冒頓進言：「寶馬、美人都可以給了，那裡不過是一片荒地，給了算了。」

冒頓聽了勃然大怒：「是可忍孰不可忍？沒有土地就沒有國家，豈能將土地白白送人！」於是，冒頓單于立即率領傾國之軍，浩浩蕩蕩地討伐東胡。

東胡王予取予求，屢嘗甜頭，以為自己勝券在握，完全沒想到匈奴來勢洶洶，因此毫無防範，只好束手就擒，從此只能卑躬屈膝，向冒頓俯首稱臣。

【學做人】 ．．．．．．．．．．．．．．．．．．．．．．．．．．

匈奴王勝在謀略，贏回了尊嚴；東胡王則敗在輕敵，輸掉了江山。

　　老子曾說：「統治一個大國家，要像廚子烹調一條小魚一樣，絕對不可太過火。」這句話除了為政治國，更適用於待人處世，凡事適可而止，不宜過火，否則將自取滅亡，落得和東胡王一樣的下場。

　　記住，不要看輕你的對手，因為你不是他，永遠不會知道他手中還握有哪些王牌。

　　低估別人，也就等於看輕了自己，不能知己知彼的話，還能成就什麼大事呢？

不要跟著別人的屁股走

名峰原本經營一家小小的唱片公司，專門翻唱一些過時的流行歌曲，然後以較低的價格在市場上拋售，這門生意雖然有利可圖，卻始終沒有大展拳腳的機會。

名峰辛辛苦苦努力了十年，依然無法獲得應有的報酬，於是他決心不再跟著流行走。他開始研究國內外的市場，發現歐美國家有一些博物館，保存著許多中古世紀，用風琴演奏的音樂作品。這類音樂帶有濃濃的懷舊氣息，絕大部分與宗教藝術相關，風格獨特，潛力十足。

名峰相當欣賞這類型的音樂，因此集中全力投資，把這些稀有的樂曲製作成一張張精美的專輯。為了省下成本，他不做宣傳也不搞噱頭，一切只等行家來評鑑。名峰相信只要是好的音樂，就一定能引起人們的共鳴，他把重心擺在音樂本身的品質上，果然一推出市場，就得到了不少消費者的青睞。

這些消費者多半都是熱愛音樂的知識分子，深受這些來自中古世紀的琴聲所吸引。因此，名峰乘勝追擊，

搜尋更多不朽的樂曲，使這些被人遺忘許久的旋律重新找到屬於自己的天地。

這樣的音樂雖然不是主流，卻富有濃厚的文藝價值，而且在盜版的侵襲浪潮中僥倖逃過一劫，名峰因此賺進了上百萬的收益，目前業務仍持續擴大中。

【學做人】

如果只是一輩子跟著別人的屁股走，當然也就只能得到別人剩餘的利益，永無出頭之日。

既然每個人的條件不同、能力不同，那麼就更應該掌握自己的方向，開創自己的道路。這條路也許很狹窄，沒有其他大路來得寬闊平坦，沿路也沒有豐盈鮮美的花果，只有滿途蜿蜒坎坷的荊棘，但只要堅持下去，那就是一條完全屬於你的路。就算路途漫長而不平順，但是盡頭卻海闊天空，那兒如詩如畫的美麗景色，將會是世上最動人的一角，只有你一個人能夠看見。

每個缺點都有獨特的價值

經常有人特地前赴日本，請教服裝設計大師三宅一生，如何設計出獨具一格的服裝款式。三宅大師提出兩個很有意思的重點。

一是，他認為自己所設計的服飾，其實只完成了「部分」，而其餘的創作空間，則是留給穿衣服的人去完成。他說：「這樣一來，顧客才能穿出自己的風格，並使得同一件衣服，在不同人的身上能有不同的變化，以這樣的概念設計出來的服裝，也不容易失敗。」

第二點則是，當他在選擇布料時，會請布廠提供設計、印染或紡織失敗的布料，三宅一生便從這些「失敗」的布料中，找到泉湧般的靈感，設計出最具獨創性與美感的作品。

正是因為這兩個重點，三宅一生所設計的服裝總是獨一無二，能夠引領世界的潮流。從三宅一生的創作特點上來思考，他的「共同創作」與「失敗哲學」，非常值得我們學習。

【學做人】

　　在藝術家的眼中，任何事物都是創作的最好題材，不管是一塊枯木或是殘破的布料，對他們而言都是最具生命力的事物，在他們的手中都將化腐朽為神奇。

　　朽木也能精雕，更何況是我們。花點心思，身上的缺點也會變成獨特的優點，就像藝術家們一般，順著曲折的木頭或石塊，創作出與眾不同、完美無缺的驚世之作。

成功，一點也不難

　　有一位在康橋大學主修心理學的韓國留學生，每天到了下午茶的時間，都會和一些成功人士品茗、聊天。

　　在這些成功者的身上，總是散發著幽默風趣，重要的是他們對於自己的成就，都看得非常淡泊、自然。

　　在長時間相處之後，這位韓籍留學生發現，自己一直被成功人士所欺騙，那些人為了讓即將投入創業的人知難而退，個個都誇大了創業的艱難，用自己成功的經歷，嚇唬那些還沒開始的新手。

　　這個韓國學生決定，要針對所有的成功人士做一項心理研究。後來，他把「成功不像你想的那麼難」的畢業論文，交給經濟心理學的創始人威爾·佈雷登教授。

　　教授在閱讀完後，非常驚喜，他認為這是一個新發現，因為這在當時並沒有人著手研究，而這個理論確實是世界各地普遍存在的現象。

　　佈雷登在驚喜之餘，寫信給他的校友，一位在當時韓國政界舉足輕重的人物──後來當上總統的朴正熙。

在信中，他推薦道：「雖然我不能保證這部著作對你有多大的幫助，不過我敢保證它比任何政令都震撼。」

沒想到這本書果然伴隨著韓國的經濟一起起飛！那位韓國留學生的新觀念，更鼓舞許多人大膽創業，無懼環境的冷峻苛刻，勇敢走向屬於自己的成功大道。

他以一個全新的觀察、分析角度教導人們：「成功與勞苦沒有必然的關係，只要你對某件事物感興趣，心甘情願地長久堅持，就一定會成功，因為這個過程會讓你重新啟動智慧，讓你有足夠的能力與時間，圓滿地完成夢想目標。」

當然，這位青年最後也獲得了輝煌的成功，輕鬆地坐上了韓國起亞汽車公司的總裁之位。

【學做人】

歌德說過：「不管你能做什麼，現在請開始做吧！」我們都有自己的人生道路要走，成功者也不例外，但

是，因為人的獨特性，即使邁向相同的目標，所經歷的路徑也不盡相同，走的步伐和印下的足跡也不會是一模一樣的。所以，聆聽別人辛苦的成功過程，並沒有多大的意義。

正所謂「如人飲水冷暖自知」，你沒有親身經歷過，又如何能知道，原來辛苦的過程，只不過是比別人多走兩步路，多跌一次跤而已呢？

尋找自己的生命價值

香港有一位知名的大亨出版了一本傳記，作者在書中極力讚揚大亨的節儉美德。

作者說，這位大亨一雙皮鞋一穿就是十多年，破了便一再地補；手上的瑞士表也從來沒有換過，表殼破了七次修了七次；多年來，大亨的午餐都只吃一般便當等等。

最後，作者也慣性地留下了一段省思的話語：「億萬富翁尚且如此，我們一般小老百姓怎能不更加刻苦耐勞呢？」

但是，有個相當不以為然的讀者，從這本傳記中發現了一個破綻。原來，這個大亨是個超級足球迷。

有一年，美國舉辦世界盃足球賽之時，這位億萬富翁算準了時間，在香港處理完工作之後，便乘著私人飛機到美國欣賞球賽，看完之後，才又立刻趕回香港辦公。

這位讀者將這些花費一一計算後，發現他花費的這些錢，足夠他購買幾千雙皮鞋與手錶呢！

　　這位有趣的讀者，還發表了一篇文章，嘲諷地說：「其實，為了看這場球賽，他到底花了多少錢，我也沒有算得很準確。但是，從中我可以確知一件事。那些辛苦過來的大富翁，不管坐擁多少財富，仍能如此勤儉過日的原因，並不是真的節儉，而是這樣的生活已經成為他們的習慣。所以，我們不必自責，更無須對他們如此恭維。」

 【學做人】⋯⋯⋯⋯⋯⋯⋯⋯⋯⋯⋯⋯⋯⋯⋯⋯⋯⋯

　　這是一個長年的習慣，還是因為價值認定的不同？

　　其實，許多有錢人的節儉習慣，不只是習慣而已，其中還包含了他們對自己努力奮鬥後的珍惜。

　　因為，只有他們自己知道，能夠成為富翁，其中的意義與價值並不是金錢可以衡量的，能在衣食住行中儉約，卻願意花大把鈔票享受樂趣，這才是一個懂得生活的富翁致富的原因。

　　我們常說，聰明的人不僅懂得玩，也懂得工作、讀書，那是因為他們知道什麼時間工作最有效率，也知道什麼時間應該讓自己充分休息，並把流失的活力找回來。

　　當然，富翁的刻苦並不需要我們太過驚歎與恭維，更無須刻意學習，因為那是他們的生活方式，也是他們認定的生命價值。但是，請仔細體會富翁們的這一切，他們清楚地知道自己的價值在哪裡，而你呢？

你清楚自己想要什麼嗎？

有一個地方盛產驢子，所以，大家都習慣用驢子來運輸貨品，或者研磨米麥等穀物。

而且，人們為了不讓驢子偷懶，還想出了一個辦法。

他們將驢子的眼睛蒙住，不讓牠看見前方的事物。另外還準備了一些香噴噴的芝麻醬或花生醬，偷偷地塗抹在驢子的鼻子上。

當驢子聞到香氣四溢的芝麻醬或花生醬時，以為前面一定有好吃的食物，便拚命地往前衝。

當然，不管牠怎麼轉，都只能聞到食物的美味，卻永遠也吃不到！

這個現象讓我們體認到，盲目的追逐者總是習慣人云亦云，因為他們不清楚自己想要的是什麼，所以盲目地追逐著不斷成長的目標，自己卻始終在原地踏步！

反省自己，你是否也正是如此？

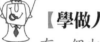

【學做人】

有一個咖啡廣告相當值得玩味：櫥窗裡的店員正準備將最新一季的流行服飾展示出來時，窗外一位妙齡女郎走過，她也穿上了最新的流行，但她身上所散發出來的品味，不是名牌的LOGO，而是她自己！

有目標的人，會成為別人追逐的目標，前者是被追逐的明星或名牌，後者則是生活盲目的追逐者。

當你追著明星的背影，追著價格高昂的名牌時，問問自己，這是你想要的嗎？從中你又得到了多少成就和真正的滿足呢？

每個人都有
不同的美麗人生

有一天，一個男孩突然問他的媽媽說：「媽媽，您想做個中國的老太太，還是外國的老太婆？」

媽媽不解地問：「我老了以後，當然是個中國老太太啊！怎麼能做外國的老太太呢？」

男孩搖了搖頭說：「不是啊！外國老太太年輕的時候，是個漂亮的姑娘，她們大學畢業之後，會找一份收入穩定的工作，接著向銀行貸款，買下一棟房子和車子，以及許多高級的生活用品，每個月她們努力還利息，生活雖然緊張，但是卻充實而愉快。當她們有了很好的居住條件，又有自己的車子代步，並且嘗盡人生的各種樂趣之後，她們終老時，銀行的貸款也剛剛好還清，便安然地閉上了眼睛。」

這時，這位中國媽媽還不是非常明白，便問男孩：「那中國的老太太又怎樣呢？」

男孩說：「中國的老太太啊！她年輕的時候也是個漂亮的姑娘，不過她找到一份穩定的工作後，便開始努力儲蓄，一年到頭都非常地辛苦，什麼都捨不得吃，也

捨不得享受，只知道把錢存起來，最後還是在病痛中死去。而她省吃儉用存下來的錢，全部由她的子女們獲得，這些錢足夠她的子女們買大房子和名貴的好車，孩子們孝順的話，會用這存款的一部分，為死去的中國老太太風光厚葬，但是，中國老太太在生前卻什麼都沒有享受過。」

這時，中國媽媽正想得出神，男孩叫了好幾聲後，她才回頭看著兒子。

男孩看著母親說：「媽媽，您到底要做中國的老太太呢？還是外國的老太太？」

【學做人】

不同的文化背景，自然會有不同的需求，究竟是中國老太太好呢？還是當個外國老奶奶好呢？

其實，每個人都有不同的生活方式，因為價值觀、生長環境的文化不同，造成許多差異。但是，不管哪一

種方式，只要心中能夠獲得「滿足」，兩個老婆婆都能有最好的結局。

很多時候，我們喜歡拿著不同成長或文化背景的人做比較，而往往忽略了這些先天的「不同」，正因為彼此有著許多不同，所以你所提供的好方法並不一定適用於別人。

每個人都有自己的生活方式和價值觀念，我們可以交換不同的生活態度，各自尋找出適合自己的生活，只要能從中自得其樂，那麼就算苦味也是一種甜美，何必在乎別人的異樣眼光！

我很重要

第二次世界大戰之後，日本的經濟深受影響，不僅失業人口驟增，工廠也紛紛倒閉。其中，有一家食品公司也面臨這次危機，瀕臨歇業。但是，沒想到這間公司，卻在幾個月後起死回生。

當時公司準備裁掉三分之一的員工，其中有三個部門將被裁撤，一是清潔部門，一是貨運部門，最後一個是沒有任何技術能力的倉管人員。這三個部門的員工加起來，總共三十多位。為了安撫這些被裁退的員工，總經理親自找他們來面談，並且詳細說明裁員的原因。沒想到這場面談，卻讓總經理聽到員工們的另一種聲音，最後決定不裁員了。

因為，清潔工說：「我們很重要啊！沒有我們的打掃，工作環境就無法維持清潔與衛生，公司內部也會變得亂七八糟，那麼你們怎麼能夠全心投入工作呢？」

司機則這麼說：「我們非常重要啊！這些產品如果沒有我們的運送，怎麼有辦法迅速在市場上鋪貨呢？」

倉管員工也說：「我們更重要了，戰爭剛結束，很

多人處於飢餓狀態，如果沒有我們管理分配，這些食品肯定會被流浪街頭的乞丐們偷光！」

總經理聽完之後，認為他們的話很有道理，便召開臨時會議，決定不再裁員，重新制定管理法則。最後，總經理在工廠的入口處，掛了一塊很大的匾額，上面寫著四個字：「我很重要」。

從此以後，每天早上所有的員工進門的第一眼，便是看見「我很重要」這四個大字。因為這個「第一眼」的刺激，不管哪個階層的員工，每天都非常賣命地認真工作，業績也因此以飛快的速度增長，幾年之後便躍居日本食品市場的第一位。

【學做人】

不管生活過得多麼不如意，每天早上醒來的時候，我們都要對自己說：「今天是我最重要的一天。」

因為知道它的重要性，便會小心珍惜，不讓一天的

時間隨便浪費，也不會讓自己糊塗地過完一天。你會在強烈的自我意識下，認真地運用每一分每一秒，努力地發揮自己的生命活力。

　　知道「我很重要」的人，不會有抱怨別人和工作的時候，因為他們用寬容的心境面對環境，因而嘗不到工作倦怠的滋味。因為，他們知道自己是一個重要的生命個體，工作、生活與自己都是一體的，堅定的態度使得他們在任何領域中，都是自己生命的主角。

你才是自己真正的支持者

鮑爾斯是十八世紀俄國著名的探險家。一八九三年時，他與瑞典探險家歐文在斯堪地納維亞半島相遇。

他們兩人對極地風光都很感興趣，相偕一同沿著北極圈考察與探險。他們從瑞典北方出發，身邊帶了三隻狗、兩架雪橇和一張地圖。如果計劃沒有失誤的話，他們一路向東，一共會走一萬五千多里路，九個月便可完成。但是，他們卻花了一年又三個月。讓他們失算的原因是，在翻越峻峭的山脈時，歐文不小心摔斷了腿。

歐文激動地說：「沒有鮑爾斯的幫助，我恐怕已葬身山谷。」

分手時，歐文把隨身攜帶的懷表送給他，並一再地說：「謝謝。」

這時，鮑爾斯搖了搖頭說：「你要謝謝的人，是你自己！你以一條腿走過最薄的冰層，是你自己用一條腿翻過最狹窄的山道。總之，在絕境中真正幫助你的人，是你自己，我並沒有提供你真正的支持啊！」

謙虛的鮑爾斯後來寫了一封信給歐文，信中他說：

「在探險的路上，記住，你就是你自己的神，只有你能掌握自己的命運，沒有人能支配你，也沒有人能阻擋你走到成功的彼端。」

一九〇二年，歐文來到中國，且獨自一個人進入塔克拉瑪干大沙漠，並成為第一個活著走出來的探險者。後來，有人研究他創造奇蹟的原因，許多研究者認為是因為歐文口袋中的金幣和一個維吾爾人的幫助。不過，只要知道歐文和鮑爾斯在北極圈那段經歷的人，都會認為這樣的結論有多膚淺。

【學做人】

我們經常在動物頻道裡，看到正在學習展翅的小鳥，鳥爸爸和鳥媽媽並不會牽著牠們，反而是看著鳥兒一再跌落、展翅，直到牠們用自己的力量學會了飛翔，這才跟著幼鳥一起在天空高飛！

如果小鳥們要賴，不願學習飛翔，那麼牠們永遠只

能囚在鳥巢中，等著敵人的侵略。因為鳥父母並不會強押著牠們學習，一旦羽翼豐了，便必須快速地以自己的力量學會高飛，才能擁有求生的能力。

　　人類不也是如此？在遇上險境時，如果只知消極地等待救援，卻不在分秒必爭的黃金時間裡，克服心理恐慌，積極地為自己尋找逃生的機會，那麼山谷中，便又多了一個亡魂。

　　再多的奇蹟都是靠自己創造，沒有人能掌控我們的生存機會，也沒有人能支配你我的命運。人生只有一分的性格是上天注定，其餘的九分只要我們能勇敢走出去，都會有扭轉乾坤的機會。

工作態度決定你的價值

在過去，擦鞋是一項很低微的工作，對於從事這項工作的人，大家都認定他不會有出息。不過，有個名叫源太郎的日本人，卻憑著擦鞋的工作，成就了輝煌的人生。

原本是在化學工廠工作的源太郎，因為公司倒閉而失業待在家中很長一段時間，直到一個偶然的機會，他從一位美國軍官那裡，學會了擦鞋的技巧，而且還迷上了這項工作。

每當他聽說哪裡有好的擦鞋匠，他都會跑去請教，並虛心學習。日子一天天地過去，源太郎的技術也越來越精湛，他的擦鞋技巧獨樹一幟，不用鞋刷，而用木棉布擦拭，鞋油也是他自行調製。那些早已失去光澤的舊皮鞋，經他用心擦拭之後，無不煥然一新，而且光澤持久，每一雙鞋至少都能保持一周以上。

觀察入微的源太郎，也累積出特殊的功力，每當他與人們擦肩而過時，就能知道對方穿的鞋種。又從鞋子的磨損部位和程度，便能說出這個人的健康與生活習

187

慣。如此精湛的技藝，被東京的一家四星級飯店相中，
他們請源太郎到飯店，專職為飯店裡的顧客擦鞋。

　　自從源太郎來到飯店之後，許多名人來到東京，全
都指定要住這間飯店，而他們最主要的目的，正是為了
讓他們的好鞋能有「五星級的服務」。

　　當他們腳下踩著修整後煥然一新的皮鞋時，心中也
記下了「源太郎」的名字與他服務的地方。

　　隨著時間的前進，源太郎的「擦鞋」工作累積出了
名聲，甚至還有國外的顧客來到日本指定要找源太郎擦
鞋。

【學做人】

　　聞道有先後，術業有專攻。即使是掃地、擦鞋等工
作，也有專業的地方，那是靠經驗的累積，也靠技巧的
突破，才能把如此細微的工作，做得比別人更為出色。

　　越微不足道的事，其實也越能成功，因為這些工作

所面對的都是生活中最基本的事物。許多人會忽略它的
重要性，卻無法否定它的存在價值，因為那是我們生活
的一部分。如果你在公司正從事著非常細微的工作，記
得源太郎的擦鞋態度與生活哲學，不管做什麼事，我們
都要做到最好。

　　職業不分貴賤，貧富沒有差距，當我們也能像源太
郎一樣，有著人們依賴信任的專業時，人生便已經有了
更多的超越與擁有。

隨遇而安就不會
做出錯誤判斷

有一天，蘇東坡和佛印兩個人同遊杭州，蘇東坡看到一座峻峭的山峰，就問佛印禪師：「這是什麼山？」

佛印說：「這是飛來峰。」

蘇東坡說：「既然飛來了，何不飛去？」

佛印說：「一動不如一靜。」

東坡又問：「為什麼要靜呢？」

佛印說：「既來之，則安之。」

後來，兩人信步走到了天絲寺，蘇東坡看到寺內的觀音菩薩塑像手裡拿著念珠，就問佛印說：「觀音菩薩既然是佛，為什麼還拿念珠，這到底是什麼意思？」

佛印說：「拿念珠也不過是為了念佛號。」

東坡又問：「念什麼佛號呢？」

佛印說：「也只是念觀世音菩薩的佛號。」

東坡又問：「她自己是觀音，為什麼要念自己的佛號呢？」

佛印回答道：「因為求人不如求己呀！」

【學做人】

「求人不如求己」的另一層意思是，自己就是最好的老師，就是一切智慧的源泉，不需向外追求。冷靜下來，將週遭環境、前後因果掌握個確實，能夠隨遇而安就不會做出錯誤判斷。

「求人不如求己」，也是很重要的生活哲學與態度。生活的豐盛與否，端賴你能否主動地活用智慧，是否願意積極投入；你事業上的成功，全憑你的努力和奮鬥；家庭美滿與否，全看你是否真心付出，用愛經營；想要有多少朋友和知己，則要看你的誠懇和真摯；想要得到幸福美滿的人生，自己就必須拿出真心和努力。

有一句話說得很好：「如果你是鐵砧，靜靜地支住自己；如果你是鐵錘，盡量發揮自己。」

主動找尋出自己最合適的位置與角色，不要苦等別人的安排；既然決定了，就不再三心二意，冷靜發揮百分之百的力量，終究能引出別人百分之百的回應。

我們想要的人生，真的掌握在我們手中，就看我們如何去經營。

把心思用在正確的事上

在一八八七年，有一位年過六旬、一身高貴打扮的紳士，來到小雜貨店購買水仙花。

紳士取出一張二十美元紙鈔交給店員，因為整理水仙花而滿手濕淋淋的店員接過鈔票後正準備找錢，卻意外發現紙鈔上的印色竟然暈染開來，墨水滴落在她的手上。她嚇了一跳，「難道這是張偽鈔？」她心中暗想。

可是，眼前這名顧客，是住在附近的鄰居，常常到店裡來消費，看他的樣子不像是會用偽鈔騙人。於是，她幾番考慮之後還是將錢找還給他，紳士點了個頭便離開了。然而，在當時二十美元可不是一筆小數目，她把那張有問題的鈔票放在錢櫃裡，心裡卻始終不安，最後她決定將鈔票拿到警察局要求鑑定。警方對於這張製作精良難辨真假的偽鈔感到訝異，若不是印色被水暈開，連警察也差點被唬了過去。

針對這起偽鈔案件，警方決定搜查那名紳士的家。沒想到，果然在閣樓裡搜出了印製美元的設備，同時發現三張精美的肖像畫。

　　原來，那名紳士是一名造詣相當精深的藝術家，因此才能一筆一畫地描畫出足以騙過眾人的假鈔票，只可惜最後卻因為雜貨店員的一雙濕手而行跡敗露。

　　那名紳士被捕後，他的那三張肖像畫遭到公開拍賣，喊價到五千美元成交。

　　最諷刺的是，他畫一張二十美元鈔票所花的時間，跟畫一張價值五千美元的肖像畫，所需的時間幾乎是相同的。然而，不管怎麼說，這位聰明而又有天分的人確實是一個小偷。如果他能合法地出售他的能力，不僅會變成很有錢的人，也會為他人帶來很多喜悅與利益。可悲的是，當他試圖去詐騙別人時，卻不知道最大的失主就是他自己。

【學做人】

　　許多戲劇、電影作品中，都有所謂的壞人角色，設計陷害主角、破壞男女主角感情……，仔細想想，這些

人事先都要費好大的勁去安排一切，好讓外界誤會男主角或女主角，以便達成自己的目的。

這其實都只說明了一件事，就是當壞人是一件很辛苦的事，而做壞事所要付出的努力和代價也不少。

比方說，打算搶銀行獲得暴利，事先難道不用經過詳細計劃、決定合作夥伴、打通關節、對整個搶劫過程多加練習……，想做好這些事情可不是一天兩天就能辦到的事。這樣還不一定能成功，最可能的下場還是一票人銀鐺入獄，什麼都得不到。這樣的投資報酬率實在不高，還不如把頭腦和精力放在別的地方，說不定能因此打出一片屬於自己的天下。

與其花時間去想怎麼佔別人便宜，還不如認真思考可以為自己做哪些有意義的事。人生的時光有限，我們可以決定要怎麼活，可以決定要怎麼讓一生大放光彩。才能就掌握在手中，要怎麼發揮它的功用，就看我們的選擇。

Chapter 04

言不信者，行不果
生命有期，信義無價

不要害怕當傻瓜，只要相信自己，
勇往直前，就一定可以做到。

Don't Be Afraid Fool

熱愛自己的選擇，
尊重別人的選擇

有一個美國男孩在父母的關愛下成長，男孩的父母都希望兒子能成為一位體面的醫生。可是，男孩讀到高中便被電腦迷住了，整天玩著一台舊電腦，不斷地把主機板拆下又裝上，樂此不疲。男孩的父母見了很擔心，也很傷心，他們苦口婆心地告訴他：「你應該用功唸書，否則根本無法立足社會。」

男孩的內心非常痛苦，他既不願意放棄自己的興趣，也不願意讓父母難過，最後，他按照父母的願望考上了大學醫科，可是他的內心始終只對電腦感興趣。

第一個學期快要結束的時候，他毅然決然地告訴父母他要退學，父母苦勸無效，也只好很遺憾地同意他退學。男孩後來成立了自己的電腦公司，打出了自己的品牌。到了第二年，公司就順利地上市發行股票，頃刻間他擁有了一千八百萬美元資金，那年他才二十三歲。

十年後，他更創出了不亞於比爾‧蓋茲的神話，擁有資產達四十三億美元。他就是美國戴爾公司總裁邁克‧戴爾。

【學做人】

成就的定義，其實是因人而異的，財富的累積方式也絕對不只一種。

建立法國波旁王朝的拿破崙說：「凡是決心取得勝利的人，是絕對不說『不可能的』。」

每個人都是一個個體，應該要有自己的意志，也就是說，由自己來決定自己未來的道路。

只要設定好目標，決心向前邁進，勝利隨時可期。日本知名學者池田大作說：「父母可以有自己的理想，但干涉孩子各自的理想，就等於不承認孩子的人格。」

父母的期望與建議，是根據經驗累積下來的觀念，但新新人類也可以有新時代的創新想法，兩者之間並沒有所謂的對或錯，我們都應該彼此尊重對方的想法。

只是，面臨抉擇的時候，最好還是先問一問自己心中真正想要的是什麼，因為惟有不勉強、不委屈，才能讓自己在追求目標的過程中，不埋怨、不推卸責任。

「擇你所愛，愛你所選」是對自己人生負責的第一步。

堅持自己選擇的道路

日本十六世紀的畫聖雪舟，因幼時家貧，不得不進寺廟當和尚，但他酷愛畫畫，常因為學畫而誤了唸經，以致一再觸犯了廟裡的長老。

一次，長老見他為畫畫走火入魔、屢教不改，因而大怒，將他的雙手反綁，捆在寺院的柱子上。

雪舟雖然行動受制，卻不願意因此放棄畫畫，想到傷心處，不由得淚如雨下。

那些淚水剛好滴落在地上，激發了雪舟的靈感，他居然伸出了大腳趾，蘸著淚水就在地上畫了起來，畫出了一隻活靈活現的小老鼠。

長老見了大吃一驚，終於認定這孩子日後必有出息，不再限制他畫畫。後來，雪舟果然成了一代宗師！

對於長老來說，唸經求取真知，修養身心，是身為僧侶最重要的事，所以不能理解雪舟熱愛繪畫的心，他認為自己是為雪舟「著想」，是對他「好」。

但是，對雪舟來說，唸經只是讓自己填飽肚子的工作，甚至是一件苦差事，遠遠比不上繪畫。在創作的過

程中，他可以忘懷所有殘酷的現實，只是沉浸在滿足的
喜悅之中。他流的淚是源於不能畫畫，卻也能將淚水化
為再度創作的動力。雪舟的這份堅持，終於明白地傳達
給長老。

【學做人】

　　行行出狀元，沒有哪一行有用，也沒有哪一行絕對
無用。在古代，中舉當官，當個讀書人最好。但在現
在，學究的地位可遠比不上生意人。那麼未來呢？未來
職業的趨勢又會有什麼變化呢？誰又能下斷言呢？

　　所以，不盲目追隨潮流，找出自己真正拿手的技
能，培養自己最感興趣的喜好。從現在起，持之以恆、
細心耕耘，就算途中遇到了阻礙，撐不過時何妨大哭一
場，恣意紓解所有的壓力。或許哭過之後反而能清楚明
瞭自己的想法，抉擇出一條屬於自己的路。

　　堅持自己的方向，最後總能歡欣收成的。

有定見，就有力量

元朝大臣、著名的理學家許衡，小時候曾經跟著一群小朋友到荒郊野外去追逐、遊玩。由於正值大熱天，不久就覺得口渴，這時剛好看見路旁有一棵梨樹，於是大家又爭相前去搶食梨子。當大家吃得津津有味、口水直流的時候，忽然發現只有許衡安安靜靜地坐在樹下，並沒有參加搶梨大戰。

有人很納悶地問他為什麼不去摘梨子，他卻淡淡地回答說：「不是自家的東西，不能隨便摘。」

許衡這麼說，大家都不以為然，直覺得掃興，還紛紛回嘴：「現在兵荒馬亂，很多人家死的死、逃的逃，這只不過是一棵沒有主人的梨樹而已，為什麼不能摘來吃？不吃白不吃，未免太傻了吧！」

許衡有點惱怒，立刻一本正經地回答說：「這棵梨樹或許真的沒有主人，可是我們的心，難道也沒有主見嗎？一定要隨心所欲偷吃不屬於自己的東西嗎？」許衡小小年紀，講出這番老成、難懂的話，不要說那班小朋友聽得莫名其妙，即使成年人聽到了，也會嗤之以鼻。

最後大家把他當做怪物，一哄而散，不理他了。

【學做人】

一般人都只有「成見」，而少有「定見」，所以難有吸引人的「特質」。當然，「定見」若只是偏見與固執己見，那必然也不會討人喜歡。

「定見」來自自身對生命意義的思索與定調，如何為人生的軌跡定下坐標，對自己從何處來，往何處去？要什麼，不要什麼？都有一定的看法。這樣的人生，或許無關好壞，卻容易顯現非凡的特色。

許衡從小即有如此深刻的哲學思維，難怪長大後能夠成就大學問，名留青史。心中有主，走在人生的路途，就比較可能有為有守，顯現剛強壯麗的生命情調。心中無主，則較容易隨著外在環境與自身的慾望流動，顯現出焦躁不安的生命情調。或許外表看似剛強，事實上內心的世界卻脆弱不堪！

有定見，就活得有力量，不是嗎？

有膽有識，才不會壞事！

唐朝初期的滕王李元嬰，是唐高祖李淵的第二十二子。由於生性荒淫好色，在他管得到的下屬官員中，只要有稍具姿色的妻妾，他一定不會放過。如果沒有機會下手勾搭，就會想辦法以王妃召見為由，將這些官夫人們騙到王府來，然後一個個成為他魔掌下的赤裸羔羊，少有人能夠倖免。

當時，有一個新到任的官員叫做崔簡，他的妻子鄭氏剛從家鄉來到任所，不幸的是，很快地也被滕王盯上了。這種難堪的事，讓崔簡直是坐立難安，吃不下飯。想要拒絕，卻懼怕滕王的權勢威脅；想要聽命，恐怕從此就得乖乖地當個龜孫子，當然更加嚥不下這口氣。

正當崔簡左右為難的時候，妻子鄭氏卻不太在乎，而且以很篤定的語氣說：「這有什麼好擔心的。」

說完，鄭氏便大搖大擺地自個兒去了滕王府。讓崔簡傻了眼，頓時不知要說些什麼才好！

當鄭氏進了王府之後，滕王早已口水直流、慾火難耐，一個飛身，手腳齊上，就想毛手毛腳。

　　這個時候，有備而來的鄭氏馬上高聲尖叫，大喊：「大王哪會做這麼無禮的事？你一定是個狗奴才。」話還沒說完，鄭氏便脫下鞋子猛烈敲擊滕王的頭部，同時雙手並用，亂抓滕王的頭臉，當下便讓滕王掛彩出血、灰頭土臉。

　　這一騷動，引來了王府眾人，住在內院的王妃聽到驚動聲後，也馬上跑了出來。王妃一見到這種光景，不用問也知道發生了什麼事，橫眉豎目不說，簡直氣得半死，立刻衝了上來，要滕王立刻將鄭氏放回去。

　　滕王滿臉豆花，百味雜陳，尷尬和氣怒都有，接著一連十多天都躲在宮中，不敢現身處理政事。當事人崔簡，卻每天都戰戰兢兢老往王府跑，隨時準備晉見賠罪。

　　還好，當時皇上對於滕王的行為，早就相當不滿，經過這件事後，更是對他嚴加管束，所以滕王也不敢過於張揚，或者想要報復，色膽從此也不再那麼囂張。

【學做人】

有膽有識，才不會壞事！鄭氏一擊，救了自己，也給了其他官夫人們築了一道「防色牆」，防止了滕王色心無盡的需索與騷擾。這段更勝鬚眉、有膽有識的表現，不僅令人佩服，也足以讓所有在困境中掙扎的人們有所啟發，也有所借鑒！

或許，人生最大的無奈是沒有本事，最大的欠缺是沒有膽識。當人遇到動彈不得的困境煎熬時，沒作為、不行動，或許日子還是可以過，但是輾轉反側睡不好覺，受制於人的日子，終究是不好過！倒不如拿出勇氣有所行動，為改變困境而戰。

當然，有膽有識，不見得就能成事，不過，至少總是給了自己一個改變命運的機會吧！

不要害怕當傻瓜

詹姆森‧哈代是一個喜歡冒險的人，他周圍的朋友和同事都認為他是一個滿腦子怪念頭的「傻瓜」。當他發現電影發明的原理之後，便從電影膠卷的轉盤中產生了靈感：他讓膠捲上的畫面一次只向前移動一格，以便老師能夠有充足的時間詳細闡述畫面裡的內容。

這個想法讓哈代受到不少嘲笑，但是他沒有因此退縮，經過不斷地反覆實驗之後，哈代終於成功地實現了讓畫面與聲音同步進行的目標，創造了「視聽訓練法」。

除此以外，哈代曾經兩度入選美國奧運會游泳代表隊，也曾經連續三屆獲得「密西西比河十英哩馬拉松賽」的冠軍。哈代在游泳的時候，覺得大家在比賽時使用的游泳姿勢不好，決心加以改變。

但是，當他把想法告訴游泳冠軍約翰‧魏斯姆勒時，約翰認為他的想法太荒唐，於是立刻加以拒絕；另一位游泳冠軍杜克‧卡漢拉莫庫也要他不要冒險嘗試，以免不小心在水裡淹死。

　　當然，哈代還是沒有理會他們的告誡，仍然不斷地挑戰傳統游泳的姿勢，最後終於發明了自由式，並且成為現在國際游泳比賽的標準姿勢之一。

【學做人】

　　歷史上有許多著名的成功人物，都是因為不怕被別人當成傻瓜，所以才能成就一番事業的。

　　總是被別人看成聰明人當然很好，可是一個聰明人如果有當傻瓜的勇氣，那麼他將更能堅持自己的理想，並且積極地完成目標。

拼出正確的世界地圖

　　有位牧師在家裡準備他第二天的佈道。他的小兒子在屋裡吵鬧不休，令人不得安靜。

　　最後，這位牧師在失望中拾起一本舊雜誌，一頁一頁地翻閱，直到翻到一幅色彩鮮艷的圖畫——一幅世界地圖。

　　他從那本雜誌上撕下一頁，再把它撕成碎片，丟在地上，說道：「孩子，如果你能拼攏這些碎片，我就給你一元。」

　　牧師以為這件事會讓兒子花掉一上午的時間，但是沒過十分鐘，兒子就敲了他的房門。

　　牧師對於兒子竟能如此之快地拼好了一幅世界地圖感到驚愕。

　　「兒子，你怎樣拼出來的？」牧師問道。

　　「這很容易，」孩子說，「另一面是一個人的照片。我就把這個人的照片拼好，然後把它翻過來。我想，如果這個人是正確的，那麼，世界地圖也就是正確的。」

　　牧師微笑起來，給了他的兒子一元。

　　「你也替我準備好了明天的講道。」他說，「如果一個人是正確的，他的世界也就會是正確的。」

　　【學做人】 ·······················

　　如果一個人是正確的，他的世界也就會是正確的。

　　如果你是正確的，你的世界也會是正確的。

　　如果你想改變你的世界，首先就應改變你自己。

相信自己招人喜歡

心理學家在一個班級中挑出一個最愚笨、最不招人喜愛的女同學，並要求同學們改變以往對她的看法。

在一個風和日麗的日子裡，大家都爭先恐後地照顧這位女同學，向她獻慇勤，陪送她回家。大家刻意打從心裡認定她是一位漂亮、聰慧的女孩。結果怎樣呢？不到一年，這位女同學出落得很好，連舉止也和以前判若兩人。

她愉快地對人們說：她獲得了新生。其實，她並沒有變成另一個人──然而在她的身上卻展現出每個人內心都蘊藏的美，這種美只有在我們相信自己，周圍的所有人也都相信、愛護我們的時候才會展現出來。

【學做人】

生命旅途對於任何一個人都並非一路鮮花掌聲，最要緊的是我們要對自己有信心。我們必須相信自己對某件事情具有天賦，並且無論付出任何代價，都要把這件事情完成。

是否真的相信

有一位頂尖的雜技高手，參加了一個極具挑戰的演出，演出的主題是在兩座山之間架一條鋼絲，他的表演項目就是從鋼絲的這邊走到另一邊。

雜技高手走到鋼絲的一頭，然後注視著前方的目標，並伸開雙臂，慢慢地挪動著步子，終於順利地走了過去。這時，整座山上響起了熱烈的掌聲和歡呼。

「我要再表演一次，這次我要綁住我的雙手走到另一邊，你們相信我可以做到嗎？」雜技高手對所有的人說。

我們知道走鋼絲靠的是雙手的平衡，而他竟然要把雙手綁上！但因為大家都想知道結果，所以都說：「我們相信你，你是最棒的！」

雜技高手真的用繩子綁住了雙手，然後用同樣的方式一步、兩步終於又走了過去。

「太棒了，太不可思議了！」所有的人都報以熱烈的掌聲。

沒想到雜技高手又對所有的人說：「我再表演一

次，這次我同樣綁住雙手然後把眼睛蒙上，你們相信我可以走過去嗎？」

所有的人都說：「我們相信你！你是最棒的！你一定可以做到的！」

雜技高手從身上拿出一塊黑布蒙住了眼睛，用腳慢慢地摸索到鋼絲，然後一步一步的往前走，所有的人都屏住呼吸為他捏一把汗。

終於，他走過去了！

可是表演好像還沒有結束，只見雜技高手從人群中找到一個孩子，然後對所有的人說：「這是我的兒子，我要把他放到我的肩膀上，同樣還是綁住雙手蒙住眼睛走到鋼絲的另一邊，你們相信我嗎？」

所有的人都說：「我們相信你！你是最棒的！你一定可以走過去的！」

「真的相信我嗎？」雜技高手問道。

「相信你！真的相信你！」所有的人都說。

「我再問一次，你們真的相信我嗎？」

　　「相信！絕對相信你！你是最棒的！」所有的人都大聲回答。

　　「那好，既然你們都相信我，那我把我的兒子放下來，換上你們的孩子，有自願的嗎？」雜技高手說。這時，整座山上鴉雀無聲，再也沒有人敢說相信了。

【學做人】

　　現實中，許多人說：「我相信我自己，我是最棒的！」當我們在喊這些口號時，我們是否真的相信自己？會不會一出門或遇到一點困難，就忘掉剛才所喊的這句話呢？只有自己真的相信，才能讓別人相信你。

清醒地認識自己

有隻不可一世的狐狸，總認為自己是森林中最偉大的動物。一天下午，牠獨自散步，走著走著，意外地發現了自己的身影很巨大。這個新發現讓牠很高興，更相信自己是森林中最了不起的動物。

正在得意忘形之際，來了一隻獅子。看到獅子時，牠一點都不怕，拿自己的影子和獅子相比較，發現自己的影子比獅子還大，就不理睬獅子，自得其樂地在那裡繼續散步。

獅子趁牠毫無防備時，一躍而上，把正在得意忘形的狐狸咬死了。

【學做人】

無論什麼時候，都要清醒地認識自己，保持理智。自大無知只能為自己帶來傷害甚至毀滅。永遠記住：越是膚淺越會得意忘形自命不凡；越是內涵深厚，就越誠信篤行保持低調。

身體是最大的資本

有位青年時常對自己的貧窮發牢騷。

「你具有如此豐厚的財富，為什麼還要發牢騷？」一位老人問。

「它到底在哪裡？」青年人急切地問。

「你的一雙眼睛。只要能給我一隻眼睛，我就可以把你想得到的東西都給你。」

「不，我不能失去眼睛！」青年回答。

「好，那麼，讓我要你的一雙手吧！為此，我用一袋黃金做補償。」

「不，雙手也不能失去！」

「既然有一雙眼睛，你就可以學習。既然有一雙手，你就可以勞動。現在，你自己看到了吧，你有多麼豐厚的財富啊！」老人微笑著說。

【學做人】

不錯，每個人都有自身存在的意義，上帝對每個人都是平等的，它給予每個人最大的財富就是你自己。

培養自己的影響力

陳阿土是個農夫，從來沒有出過遠門。種了半輩子的田，終於參加一個旅遊團出了國。

國外的一切都非常新鮮，而且陳阿土參加的是豪華團，一個人住一間房間。這讓他新奇不已。早晨，服務生來敲門送早餐時大聲說道：「Good morning, sir!」

陳阿土愣住了。這是什麼意思呢？在家鄉，一般陌生的人見面都會問：「您貴姓？」

於是陳阿土大聲叫道：「我叫陳阿土！」

如是這般，連著三天，都是那個服務生來敲門，每天都大聲說：「Good morning, sir!」

而陳阿土也大聲回道：「我叫陳阿土！」

但他非常的生氣。這個服務生也太笨了，天天問自己叫什麼，告訴他又記不住。

終於他忍不住去問導遊「Good morning, sir!」是什麼意思，導遊告訴了他。天啊！真是丟臉死了。陳阿土反覆練習「Good morning, sir!」這個詞，以便能體面地應對服務生。

又一天的早晨，服務生照常來敲門，門一開陳阿土就大聲叫道：「Good morning, sir!」與此同時，服務生叫的是：「我是陳阿土！」

【學做人】

人與人交往，常常是意志力與意志力的較量。不是你影響他，就是他影響你，而想成功，一定要培養自己的影響力，只有影響力大的人才可以成為最強者。

昂起頭來真美

　　珍妮是個總愛低著頭的小女孩，她一直覺得自己長得不夠漂亮。有一天，她到飾品店去買了一只綠色蝴蝶結，店主不斷讚美她戴上蝴蝶結很漂亮。

　　珍妮雖不信，但是很高興，不由得昂起了頭，急於讓大家看看，連出門與人撞了一下都沒在意。

　　珍妮走進教室，迎面碰上了老師，「珍妮，你昂起頭來真美！」老師拍拍她的肩說。那一天，她得到了許多人的讚美。她想一定是蝴蝶結的功勞，可是往鏡前一照，她頭上根本就沒有蝴蝶結，一定是出飾品店時與人一碰弄丟了。

　　自信原本就是一種美麗，而很多人卻因為太在意外表而失去很多快樂。

【學做人】

　　無論是貧窮還是富有，無論是貌若天仙，還是相貌平平，只要你昂起頭來，快樂會使你變得可愛——人人都喜歡的那種可愛。

小河流的旅程

有一條小河流從遙遠的高山上流下來，經過了很多個村莊與森林，最後來到了一個沙漠。

小河流想：「我已經越過了重重的障礙，這次應該也可以越過沙漠吧！」

當它決定越過沙漠的時候，卻發現河水漸漸消失在泥沙當中。它試了一次又一次，總是徒勞無功。於是小河流灰心了：「也許這就是我的命運了，我永遠也到不了傳說中那個浩瀚的大海。」它頹喪地自言自語。

這時候，四周響起了一陣低沉的聲音：「如果微風可以跨越沙漠，那麼河流也可以。」原來這是沙漠發出的聲音。

小河流很不服氣地回答說：「那是因為微風可以飛過沙漠，可是我卻不行。」

「因為你堅持你原來的樣子，所以永遠無法跨越這個沙漠。你必須讓微風帶著你飛過這個沙漠，到達目的地。只要願意你放棄現在的樣子，讓自己蒸發到微風中。」沙漠用低沉的聲音這麼說。

　　小河流從來不知道有這樣的事情：「放棄我現在的樣子，然後消失在微風中？」

　　「不！不！」小河流無法接受這樣的概念，畢竟它從未有這樣的經驗，叫它放棄自己現在的樣子，那麼不等於是自我毀滅了嗎？

　　「我怎麼知道這是真的？」小河流這麼問。

　　「微風可以把水氣包含在其中，然後飄過沙漠，到了適當的地點，就把水氣釋放出來，於是就變成了雨水。然後這些雨水又會形成河流，繼續向前進。」沙漠很有耐心地回答。

　　「那我還是原來的河流嗎？」小河流問。

　　「可以說是，也可以說不是。」沙漠回答，「不管你是一條河流或是看不見的水蒸氣，你內在的本質從來沒有改變。你會堅持你是一條河流，因為你從來不知道自己內在的本質。」

　　此時小河流的心中，隱隱約約地想起了自己在變成河流之前，似乎也是由微風帶著，飛到內陸某座高山的

半山腰，然後變成雨水，成為今日的河流。

於是小河流終於鼓起勇氣，投入微風張開的雙臂，消失在微風之中，讓微風帶著它，奔向生命中（某個階段）的歸宿。

【學做人】

我們的生命歷程往往也像小河流一樣，想要跨越生命中的障礙，達成某種程度的突破，往真善美的目標邁進，也需要有「放下自我執著」的智慧與勇氣，邁向未知的領域。

生命中不一定只有一種形式
當環境無法改變的時候
試著改變自己……
只要你的本質不變
你依舊是你……
祝福你……

殘缺也是一種美

有一個圓，被切去了好大一角，他希望自己能恢復完整，沒有任何殘缺，因此四處尋找失去的部分。

因為它殘缺不全，只能慢慢滾動，所以能在路上欣賞花草樹木，還和毛毛蟲聊天，享受陽光。

它找到各種不同的碎片，但都不合適，所以都把那些碎片留在路邊，繼續往前尋找。

有一天，這個殘缺不全的圓找到一個非常合適的碎片，它很開心地把那碎片拼上，開始滾動。

現在它是完整的圓了，能滾得很快，快得使它無法注意路邊的花草樹木，也不能和毛毛蟲聊天。它終於發現滾動太快，使得它看到的世界好像完全不同。於是便停止滾動，把補上的碎片丟在路旁，慢慢滾走了。

【學做人】

人生太完美了，也就沒有了生活的樂趣，所以殘缺也是一種美，是一種展現真實的美。

征服生命中的所有恐懼

有個平凡的上班族麥克・英泰爾，三十七歲那年做了一個大膽的決定：放棄他薪水優厚的記者工作，把身上僅有的三美元捐給街角的流浪漢，只帶了乾淨的衣服，從陽光明媚的加州出發，打算靠著搭便車與陌生人的仁慈，橫越美國。

他的目的地是美國東海岸北卡羅萊納州的恐怖角——這只是他精神快崩潰時做的一個倉促決定。某個午後他忽然哭了，因為他問了自己一個問題：如果有人通知我今天死期到了，我會後悔嗎？

答案竟是那麼的肯定。雖然他有好工作，有美麗的女友，但他發現自己這輩子從來沒有下過什麼賭注，平順的人生從沒有高峰或谷底。

他為自己懦弱的上半生而痛哭。一念之間，他選擇了北卡羅萊納的恐怖角作為最終目的，藉以象徵他征服生命中所有恐懼的決心。最後，這名麥克・英泰爾成為美國媒體中傳頌的知名人物。

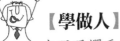

【**學做人**】‧‧‧‧‧‧‧‧‧‧‧‧‧‧‧‧‧‧‧‧‧‧‧‧‧‧‧‧‧‧‧‧‧‧‧

　　克服恐懼看起來非常困難，但改變卻在一念之間。
其實，生活中有很多恐懼和擔心完全是由我們內心裡想
像出來的，想要驅除它必須在潛意識裡徹底根除。

不要等待別人解決你的苦

有一隻兀鷹，猛烈地啄著村夫的雙腳，將他的靴子和襪子撕成碎片後，便狠狠地啃起村夫雙腳的肉來了。這時有一位紳士經過，看見村夫如此鮮血淋漓地忍受痛苦，不禁駐足問他：「為什麼要受兀鷹啄食呢？」

村夫回答：「我沒有辦法啊。這隻兀鷹剛開始襲擊我的時候，我曾經試圖趕走牠，但是牠太頑強了，幾乎抓傷我臉頰，因此我寧願犧牲雙腳。呵，我的腳差不多被撕成碎屑了，真可怕！」

紳士說：「你只要一槍就可以結束牠的生命呀。」

村夫聽了，尖聲叫嚷：「真的嗎？那麼你助我一臂之力好嗎？」

紳士回答：「我很樂意，可是我得去拿槍，你還能支撐一會兒嗎？」

在劇痛中呻吟的村夫，強忍著撕扯的痛苦說：「無論如何，我會忍下去的。」

於是紳士飛快地跑去拿槍。但就在紳士轉身的瞬間，兀鷹突然拔身衝起，在空中把身子向後拉得遠遠

的，以便獲得更大的衝力，如同一根標槍般，把利喙刺
向村夫的喉頭，深深插入。

　　村夫終於等不及地撲死在地了。死前稍感安慰的
是，兀鷹也因太過費力，倒斃在村夫的血泊裡。

【學做人】

　　不要等待別人解決你的痛苦，只要願意，你可以超
越它，槍斃你的痛苦。你就是自己命運的主人，抱怨和
忍耐都是徒勞的。只要你想擺脫，一定有方法，只是你
沒有找到罷了。

最好的朋友是自己

某處溪邊，一隻老豬率領一群小豬渡溪水。臨渡水時老豬對小豬說：「我們一共十二隻，渡過對岸之後，要記得清點數目！」吩咐完畢，就和小豬一同渡水過去了。到了對岸，豬隻們把身上的水抖落，就開始清點豬群，看有沒有遺失。但是數來數去，只有十一隻。

於是老豬驚叫道：「這一定是在過渡時，被水沖走了。」

豬隻們悲叫著，為那隻犧牲了的小豬傷心。

一個聰明人見這情形，不禁笑起來，對老豬說道：「你來回數了幾次，都忘了數你自己。世界上第一件要注意的事就是自己，你為什麼竟忘了自己呢。」

【學做人】

最好的朋友是自己。你才是自然界最偉大的奇蹟，時時刻刻都不能忘了自己。無論何時，記得不要把自己放在別人之外甚至忘記。

請尊重負重者

　　拿破崙年輕的時候，一次到郊外打獵，突然聽見有人喊救命，他快步走到河邊一看，見一男子正在水中掙扎。這河並不寬，拿破崙端起獵槍，對準落水者，大聲喊道：「你若再不自己游上來，我就把你打死在水裡！」那人見求救已無用，反而更添一層危險，便只好奮力自救，終於游上岸來。

　　拿破崙當了皇帝後，一天清晨，在花園中散步，迎面被身負重物的士兵擋住去路。這時宮廷女衛士長忙喝令士兵趕快讓路給皇帝，拿破崙卻忙阻止說：「夫人，請尊重負重者。」並讓開了一條道給負重士兵。

【學做人】

　　拿破崙拿槍逼迫落水者自救，是想告訴他，自己的生命本應該是自己負責的，惟有負責的生命才是真正有救的生命。「請尊重負重者」，在拿破崙看來，地位的高下是不重要的，重要的是生命肩頭的份量。

走出心靈的低谷

古時候，有一隻累極了的驢子，連走回自己的驢圈的力氣都沒有了。正值冬天，非常寒冷。所有的街道都蓋滿了冰雪。

「我要在這兒停下了。」驢子說道，躺在地上。

一隻飢餓的小燕子拍著翅膀飛到牠旁邊，細聲對牠耳語：「驢子，你不是在街道上，而是在結了冰的湖上，可要小心啊！」

驢子累壞了，牠不理會這忠告，打了個大大的呵欠，就睡著了。牠的體溫一點一點把冰融化掉，最後，卡嗒一聲，冰碎了。直到落進水裡牠才驚醒過來，在冰水中不停的掙扎。牠想著，早知如此，就該聽從那友善的燕子的忠告。

【學做人】

每個人都有自己生命中最低迷和糟糕的時候，通常這時都會自以為是固執己見──你可以不聽別人的忠告，但你一定得為接下來的結果負責任。

228

自我心靈的解脫

在一個深山老林裡，有兩座相距不遠的寺廟。甲廟的和尚經常吵架，人人戒備森嚴，生活痛苦；乙廟的和尚一團和氣，個個笑容滿面，生活快樂。

甲廟的住持看到乙廟的和尚們天天和睦相處，相安無事，心裡非常羨慕，但又不知其中的奧妙所在。於是，有一天他特地來到乙廟，向一位小和尚討教秘方。

住持問：「你們有什麼好方法使廟裡一直保持和諧愉快的氣氛呢？」

小和尚不假思索地回答道：「因為我們經常做錯事。」

正當甲廟住持感到疑惑不解之時，忽見一和尚匆匆從外面回來，走進大廳時不慎摔了一跤。這時，正在拖地的和尚立刻跑過來，一邊扶他一邊道歉：「真對不起，都是我的錯，把地拖得太濕，讓你摔著了。」

站在大門口的和尚見狀也跟著跑過來說：「不，都是我的錯，沒有提醒你大廳裡正在拖地，要小心點。」

摔跤的和尚沒有半句怨言，只是自責地說：「不，

不，是我的錯，都怪我自己太不小心了。」

甲廟住持看了這精彩的一幕，恍然大悟。終於明白了乙廟和尚和睦相處的奧妙所在。

【學做人】

自責既是對他人的道歉，也是對自己心靈的解脫，它既可以化暴戾為祥和，也會使人真心相對。逃避責任只會引起人與人之間無謂的爭吵，隔閡的加深。

學會經營你自己

有個老木匠就要退休了，他告訴老闆他要離開建築業，然後和家人享受一下輕鬆自在的生活。老闆實在捨不得這麼好的木匠離去，所以希望他能在離開前再蓋一棟按自己風格設計的房子。

木匠答應了，不過不難發現這一次他並沒有很用心地蓋這棟屋子。他草草地用了劣質的技術和材料，就把這間屋子蓋好了。其實，用這種方式作為職業生涯的最後一項作品，實在是有點不妥。

房子蓋好了，老闆來檢視房子，然後把大門的鑰匙交給木匠說：「感謝你跟隨我這麼多年，這間按你的風格所設計的房子是我送給你的禮物！」

【學做人】

如果木匠知道這間房子是自己的，他一定會用最好的木材，用最精緻的技術來把它蓋好。不過，現在卻因為自己的不負責任，就要住在一棟連自己都不滿意的房子裡了。看來，每個人都要學著經營自己。

活出自己

父子倆牽著驢進城，半路上有人笑他們：「真笨，有驢子不騎！」

父親便叫兒子騎上驢，走了不久，又有人說：「真是不孝的兒子，竟然讓自己的父親走路！」

父親趕快叫兒子下來，自己騎到驢背上，又有人說：「真是狠心的父親，也不怕把孩子累死！」

父親連忙叫兒子也騎上驢背。誰知又有人說：「兩個人騎在驢背上，那瘦驢看起來都快被壓死了！」父子倆趕快溜下驢背，把驢子四隻腳綁起來，用棍子扛著。經過一座橋時，驢子因為不舒服，掙扎了下來，結果掉到河裡淹死了！

【學做人】

如果你是父親，請把驢子交給兒子騎；如果你是兒子，請把驢子交給父親騎——因為那是你的責任。

活出自己，別老受別人的評說和價值觀左右，別人只是建議，沒有人能替你的生命負責。

不要活在別人的陰影下

德國習性學家——海因羅特在實驗過程中發現一個十分有趣的現象：剛剛破殼而出的小鵝，會本能地跟在第一眼看到的自己的母親後邊。

但是，如果牠第一眼看到的不是自己的母親，而是其他活動物體，牠也會自動地跟隨其後。

尤為重要的是，一旦小鵝形成對某個物體的追隨反應，牠就不可能再對其他物體形成追隨反應。用專業術語來說，這種追隨反應的形成是不可逆的，而用通俗的語言來說，牠只承認第一，無視第二。

這種後來被另一位德國習性學家洛倫茲稱為「印刻效應」的現象不僅存於低等動物裡，而且同樣存在於人類之中。

人類對最初接受的信息和最初接觸的人都留有深刻的印象，他們用「首因效應」等概念來表示這種人類在接受信息時的特徵。

【學做人】

人類對任何堪稱「第一」的事物都具有天生的興趣並有著極強的記憶能力。寧做雞頭，不做鳳尾。活在別人的陰影下，不如去另闢天地。

千萬別當「隱形人」

每年一次的豐年祭即將來臨，由於今年的收成特別好，因此村長決定要大肆慶祝一番以祈求來年的豐收。

為了使慶典更加隆重熱鬧，村長在空地上擺了一個大得可以容納十幾個人的酒缸，要求每一戶人家貢獻一壺自己釀製的小米酒，好讓大家有喝不完的酒，可以狂歡到天明。

慶典開始前，每戶人家都鄭重其事地把自己帶來的酒倒入大酒缸中，很快，大酒缸就被裝滿了，然後大家圍著酒缸跳舞歌唱，好不快樂。

到了慶典即將落幕時，村長帶領眾人伏地謝天，感謝上天的恩德，並舀起酒缸裡的酒，人手一杯。

待村長念完一段酬神的祝禱文之後，大家紛紛舉杯向天，然後一飲而盡，沒想到酒還沒喝完，大夥兒的臉色就全變了，每個人皆面有愧色，你看我，我看你，面面相覷，良久吐不出一句話來。

原來，每戶人家所貢獻的酒壺裡，裝的都不是酒，而只是清水而已。每個人都以為在這麼一大缸酒之中，

用區區一壺清水充數是不會被發現的，於是大酒缸裡裝的都是水，沒有一滴酒，令原本歡樂無比的豐年祭尷尬收場。

【學做人】

富蘭克林曾說：「平凡人最大的缺點，是常常覺得自己比別人高明。」

正因為大家都有這種缺點，於是每個人都抱著投機取巧的心態，大家爾虞我詐，到最後聰明反被聰明誤。

現代人最難的處世原則是「誠實」，不只對他人誠實，也要對自己誠實。君子不失足於人，不失色於人，不失口於人，送玫瑰花給別人的人，自己手中常留有餘香，多計較一點，你便多失去一點，不如誠以待人，誠以待己，這才是人生旅程中，最美好的一種報酬方式。

與其今日好過，
不如將來日日都好過

　　果菜外銷一向是亞洲國家龐大的外匯收入來源，批發市場一天的成交量可達上億元，在國際經濟中佔據重要的地位。

　　幾年前，流行起養生風，人們開始喜歡吃綠色蔬菜，由於亞洲大部分地區地處溫熱帶氣候，環境特別適合培育山野菜，因而所種出的山野菜十分新鮮甘甜，利潤豐厚且供不應求，是農人的重要生財之道。

　　麻煩的是，山野菜的最佳收成時間只有十天左右，採收完畢之後，還要攤在陰涼處晾曬一天，隔天翻面再曬一天，水分才可充分蒸發。

　　如此一來，主婦們買回去之後，只需要再用冷水浸泡一下，就可以吃到又鮮嫩又青脆的山野菜了。

　　但是種山野菜的農地有限，步驟又繁瑣，農人們於是開始想辦法增加山野菜的收成，不管三七二十一，只要長到了適當的大小就採集下來。而且，為了省去晾曬的時間，乾脆直接放在爐子上烘烤，不到兩個小時便乾透了。

　　這些趕工出來的山野菜，外表看來並沒有什麼不同，只是食用時，不管在水裡浸泡多久，還是一樣又老又硬，難以下嚥。經銷商紛紛提出抗議，可是農人們還是屢勸不聽，商人只好全面封殺山野菜的採購活動。

　　最後，農民投機取巧的行為不但沒有增加收益，反而換來了一堆賣不出去，又食不下嚥的山野菜。

【學做人】

　　當你認為自己很聰明的時候，請記得別人也不會是笨蛋。做人無信不立，別人也許不小心吃了你一次虧，卻不表示他會繼續吃一百次虧。

　　對人誠信也就等於讓自己好過，投機取巧或許能得到眼前的小利，卻將失去更重要的信譽和大利。

　　人活在世上不只一天，而是一生，該擔心的也不只是明天，還有往後的許多年，與其今天好過，不如將來日日都好過。

會做人，比會打仗重要

　　三國時代，征戰連年。有一回，蜀、魏兩軍於祁山對峙，諸葛亮所率領的蜀軍只有十多萬，而魏國的司馬懿，卻率有精兵三十餘萬。

　　兩軍交鋒時，蜀軍原本就勢單力薄，偏偏在這緊急關頭，軍中又有一萬人因兵期將到，必須退役還鄉，一下子少了許多兵力，對蜀軍來說無疑是雪上加霜。

　　然而，服役期滿的老兵也都歸心似箭，憂心大戰將即，可能有家歸不得。兩相權衡之下，將士們向諸葛亮建議，讓老兵延長服役一個月，待大戰結束後再還鄉。

　　這似乎是最好的辦法了，但是諸葛亮卻斷然地否決道：「治國治軍必須以信為本，老兵們已為國鞠躬盡瘁，家中父母妻兒望眼欲穿，我怎能因為一時的需要而失信於軍、失信於民呢？」於是下令所有服役期滿的老兵速速返鄉。

　　老兵們接獲消息，感動不已，個個熱淚盈眶，想到如果自己就這麼走了，豈不是棄同胞和家國於不顧？

　　丞相有恩，軍民也當有義，此時正是用人之際，於

是，老兵們決定上下一心，打贏最後一場戰爭再走。

老兵的拔刀相助，大大振奮了其他在役的士兵，大家奮勇殺敵，士氣高昂，抱著必勝的決心，在諸葛亮的領導下勢如破竹，贏得了這場戰爭的勝利。

【學做人】

與其說諸葛亮神機妙算，不如說他以誠待人，貫徹始終，因此深得軍心，是為一代名帥。

越在緊急的時刻，越能看出一個人的品德。最大的考驗往往不是來自外界，而是取決於自己；最重要的評價也不是別人怎麼說，而是如何面對自己的良心。

處困厄而不改其志者，他的志向不會朝楚暮秦、隨風轉舵，他的成就自然也非一時一刻，而是細水長流、源源不絕。

一日為客，終生為「客」

有位香港旅客在日本旅遊時，到某家知名的電器行買了一台液晶電視，準備帶回香港。當天晚上，他把電視的包裝拆開，準備拿出來好好欣賞一番時，發現這台電視的尺寸竟然與他指定購買的機型不合，他非常憤怒，認為是電器行掉了包，故意蒙騙觀光客，準備第二天就去找那家電器行算帳。

第二天早上，正當這位旅客準備出門時，忽然接到電器行打來的電話。他還沒來得及發脾氣，對方便已在電話中頻頻賠不是，請客人在飯店裡等候，公司會馬上送新的電視過去。沒多久，電器行的總經理和一名職員親自登門道歉，不僅送來了正確尺寸的液晶電視，還加送一台，以補償為顧客所帶來的麻煩。

這位香港旅客如同塞翁失馬，看到了這一切，滿腔的怒火早就熄了。總經理接著向客人解釋，公司昨天晚上便已發現賣出的電視尺寸有問題，可是因為購買同類商品的人實在太多，因此出動所有的職員到售貨處找出發票，一張張查詢，直到今天早上才終於找到這裡。

　　總經理並對造成客戶困擾，致上最深的歉意。香港旅客好奇地問：「我只不過是一位觀光客，以後再光顧你們公司的機會很少，為什麼你們還要提供這樣的服務呢？」

　　總經理笑了笑，回答道：「只要是客人，就應該一視同仁，不是嗎？不管您會不會再來我們公司消費，只要您曾經光顧過我們公司，您就是我們的客人。」

 【學做人】

　　很多時候，成功就隱藏在那些看不見的小地方，你不經意地一眨眼，很可能就錯過了。

　　很多事情，其實不去做也沒什麼大不了，做了也不一定會得到什麼好結果，但是，當你內心還在掙扎著到底要不要做的時候，成功卻已經離你越來越遠了。既然還有時間，既然已經想到了，為什麼不試著多做一點，多付出一些努力呢？

「自信」是獲得
別人幫助的籌碼

　　松下幸之助如今已是揚名全球的「電器大王」，堪稱創業的最佳典範，然而他的事業也曾經歷過一番風雨，靠著努力不懈的毅力與奮鬥，才能化險為夷、轉危為安，得到今日如此輝煌的成果。

　　松下幸之助原本在大阪電燈公司工作，離職創建松下電器公司的初期，卻遇上了日本的金融危機，連帶影響整個市場的繁盛。松下幸之助知道自己正處於危急存亡之秋，經過仔細的推敲之後，決定耗費巨資，撥出一萬個電燈泡作為宣傳之用。但是，光有燈泡沒有電源，還是起不了什麼作用，而且一萬個燈泡就需要一萬個乾電池，這可是一筆非常大的數字。

　　於是，松下幸之助親自去拜訪岡田電池公司的負責人，誠懇地向他提出合作的計劃，請求贊助與支持。岡田先生雖然對松下幸之助所提出的宣傳計劃感到相當吃驚，但是對方信心十足的態度卻讓他深受感動，儘管這是一筆不小的投資，而且需要冒很大的風險，岡田先生還是願意試一試。

　　至於宣傳的效果如何，看看松下電器目前的成就便可以知道了。松下公司的燈泡加上岡田公司的乾電池，發揮了最好的廣告效益，奠定了民眾心目中的形象，兩家公司相輔相成，令營業額直線上升，效果甚至比當初所計劃的還要好。

【學做人】

　　松下幸之助不只腦筋動得快，還以誠懇實在的態度取得別人的幫助，把對自己的信心傳染給別人，讓別人也感受到這股力量，因此得到了成功。

　　意大利作家喬凡尼說：「偉大的理想，只有經過忘我的奮鬥和犧牲，最後才能獲得勝利和實現。」

　　只有當自己卯足全力，一次又一次地反覆修正自己的計劃，把不完美的地方改到最完美，直到自認問心無愧，那麼信心自然會源源不絕的升起，水到渠成，失敗又何足可畏呢？

要守信用，也要懂得變通

有一位老人臨死前，將他的律師、醫生和牧師全叫到床前，並分送給每人一個裝有二萬五千美元現金的信封。因為，老人希望自己死後，他們能遵照自己的交代，將這些錢放到棺木裡，讓他能有足夠的錢長眠於天堂。不久之後，老人便去世了。

在入殮的過程中，律師、醫生和牧師都將信封放在老人的棺材中，並祝他們的委託人能夠安息。

幾個月之後，這三個人在一場宴會中相遇。牧師一臉歉疚地說，在他的信封裡，其實只放了一千美元，他認為與其全部浪費在棺材裡，不如將其中一部分捐給福利機構。醫生被牧師的誠實深深地打動，也供出了自己把錢捐給一個醫療慈善機構，信封裡只裝了八百美元。他也認為，與其把錢無謂地浪費掉，還不如用在其他有意義的事情上。

這時，律師卻對他們的作為，露出不以為然的表情。他慢條斯理地說道：「無疑的，我是唯一對死去的老朋友最守信用的人，我必須讓你們知道，我真的在信封裡

放入了全部的金額，因為我在這個信封中，放了一張面額二萬五千美元，寫了我的大名的私人支票。」

【學做人】

　　律師把金錢放進自己的口袋，並把二萬五千美元以支票取代，毫無疑問的，他才是最聰明，也是最守信用的人，因為，他「真的」一點也沒有違背對朋友的承諾。

　　這是一個簡單的價值認定，對一個臨死老人的請託，「數字的完整」才是他所要的，所以當牧師與醫生各取所需地把金錢挪用時，他們便已違背了承諾，因為數字已經不完整了。

　　他們應該像律師一樣，把錢全數交給福利機構，並開立一張二萬五千美元的支票以告慰死者！也許有人對律師將金錢據為己有的行徑不能認同，不過在「金錢生不帶來，死不帶去」的現實生活中，我們既要遵守對生者的承諾，也要讓他的遺願更具意義的完成。

「以身作則」
是教育的最好方法

有一天早上，曾子的老婆帶著兒子到市集買東西，兒子想吃燻豬肉，為此哭鬧不休。

街上的人很多，大家都好奇地看著這對母子，曾子的老婆覺得難為情，為了安撫兒子的情緒，便哄著他說：「別哭了，你先回去，等我回家再殺豬給你吃。」孩子聽到有肉可吃，便止住了哭聲，乖乖地回家去了。

當曾子的老婆從市集回來，一踏進家門時，便聽見豬的嚎叫聲，沒想到曾子正準備動手殺豬。

曾妻連忙制止他說：「相公，你為何要殺豬？」

曾子說：「你不是答應兒子要殺豬嗎？」

曾妻連忙揮揮手說：「唉呀，我只不過是哄哄他。」

曾子聽了老婆的話，滿臉嚴肅地說：「你怎麼可以如此？孩子是無知的，他們只會模仿父母的一舉一動，聽從父母的教導，這麼欺騙他，不是教他學會說謊嗎？一旦你欺騙了兒子，咱們的孩子以後便不會再相信我們，這樣的教育方式，怎麼能教出好孩子呢？」

於是，曾子毫不遲疑地立即動手，將那頭豬殺了，

讓兒子開心地吃了一頓豐盛的大餐。

【學做人】

為什麼家庭環境不健全的孩子，最後常常成為社會的問題？那正是「上樑不正下樑歪」的結果。由於父母錯誤的觀念，導致孩子在進入團體或與人相處時，變得不和諧或不適應。

所以，教育必須從根扎起，至於根部所要吸收的養分，自然在父母的身上。畢竟，從出生開始，孩子們就跟著父母起步學習、模仿，幾乎不曾間斷。

經營教育事業很難，但教育的方式卻很簡單，因為每個生命都是從學習、模仿而來，示範的人倘若能瞭解「以身作則」的重要性，小心翼翼地表演示範，孩子便能在不偏不倚的學習過程中，展現他們精彩的生活。

以身作則，樹立榜樣

從前，有一個賢明且受人愛戴的老國王，由於他沒有孩子，以至於王位沒有繼承人。有一天，他宣告天下：「我要親自在挑選一個誠實的孩子做我的義子。」

他拿出許多花的種子，分發給每個孩子說：「誰用這種子培育成最美麗的花朵，那孩子就是我的繼承人。」於是，所有的孩子都在大人的幫助下，播種、澆水、施肥、鬆土，照顧得非常盡心。

其中有一個男孩，整天用心培育花種。但是，十天過去了，半個月過去了，一個月過去了……花盆裡的種子依然如故，不見發芽。男孩有些納悶，就去問母親。

母親說：「你把花盆裡的土壤換一換，看看行不行？」

男孩換了新的土壤，又播下了那些種子，仍然不見發芽。

國王規定獻花的日子到了，其他孩子都捧著盛開鮮花的花盆湧上街頭，等待國王的欣賞。只有這個男孩站在店舖的旁邊，手捧空空的花盆，在那流著眼淚。

　　國王見了，便把他叫到跟前，問道：「你為什麼端著空花盆呢？」

　　男孩如實地把他如何用心培育，而種子卻都不發芽的經過，仔細地告訴國王。國王聽完，歡喜地拉著男孩的雙手，大聲叫道：「這就是我忠實的兒子。因為我發給大家的種子，都是煮熟的。」

　　後來，男孩繼承了王位。

【學做人】

　　有一句德國俗諺說：「一兩重的真誠，其值等於一噸重的聰明。」

　　其他的孩子也一定遇到了同樣的狀況，發現種子始終不發芽。他們也一定和這個男孩一樣，去求教於自己的父母。但是只有這個男孩的母親，以身作則教導了孩子誠實所帶來的價值。

　　國王發佈公告的前提就是要找尋誠實的人，但家長

們卻為了讓孩子能中選而不惜施用欺瞞的手段。

　　以謊言堆砌而來的讚賞一點也不值得驕傲。成人，往往知道得太多，也因此狹隘了心靈。投機取巧的結果，卻是給孩子樹立了最壞的榜樣。

　　一位西方教育家說：「大部分的孩子都聽到你說的話，有些孩子會照你的話去做，但不是所有的孩子都會完全照做。」

　　如果我們希望孩子成為一個認真過活的人，那麼就該先在工作與生活之中全力以赴，認真過活。

可以好心，但是不能粗心

唐朝大將李抱貞坐鎮潞州的時候，經費相當缺乏，而且無法籌措。他實在想不出其他辦法，居然打起了歪主意，把腦筋動到一位在地方上廣受信徒尊敬的老和尚身上。

沒多久，李抱貞便派人恭恭敬敬地把和尚請來，對他說：「我想仰賴您的德望，籌措一些軍餉，可以嗎？」

老和尚答應後，李抱貞又說：「那就請您向信徒們宣佈，您將選擇一個良辰吉日自焚而死。不過，您不必擔心，這只是個噱頭，我會事先挖一條地道，等大火點著之後，供您逃生之用。」

老和尚覺得能為軍隊做點事，就毫不遲疑地接受了這項要求。回家後，老和尚就開始準備相關事宜，而李抱貞也著手堆放柴薪、油脂等工作，當一切都準備就緒後，便開始了七天的法事。

這段期間，李抱貞也邀請老和尚進入地道仔細察看，以進一步取得他的信任。

法事開始了，老和尚登上祭壇，手拿著法器，煞有介事地對眾人講經說道。李抱貞則率領著部下，恭敬地和信徒們一起站在祭壇下頂禮膜拜。

當法事進行到了尾聲，老和尚依照先前所宣稱的，準備引火自焚，沒想到，李抱貞卻早已暗中派人把地道給堵死了。結果可想而知，好心沒好報的老和尚，當然是與柴火一同化為灰燼。

由於，李抱貞第一天就率先把自己的俸祿全數捐了出來，作為供佛之用，信徒們受到這番感召，個個爭先恐後地慷慨捐獻。就這樣，七天下來，佈施的財物累積得相當可觀。

可是，老和尚死了，一切秘密皆歸於塵土。最後，李抱貞一一清點財物，達到了他藉機籌措軍餉的目的。

【學做人】⋯⋯⋯⋯⋯⋯⋯⋯⋯⋯⋯⋯⋯⋯⋯⋯⋯⋯⋯⋯⋯⋯⋯

李抱貞為達目的不擇手段，竟然利用信徒對老和尚

的敬重，以及老和尚對他的信任，大費周折設計了一樁神不知、鬼不覺的騙局。這對人間的誠信而言，卻是驚心動魄的侮辱與警惕。

對於老和尚而言，抱著好心，卻很粗心，竟然同意以騙人自焚的極端方式，來成全籌措軍餉的目的。沒想到騙局一場，竟連自己的命都賠了進去。

可見，任何美好的目的，若沒有正當的手段，就是一種醜陋的行為、騙人的伎倆，更可能潛藏著看不見的危機。所以說，光有好心還不夠，可不能太粗心啊！

大大的享受拓展視野的好選擇

大拓
Talent Tool

永續圖書線上購物網
www.foreverbooks.com.tw

謝謝您購買 　不要害怕當傻瓜：
有膽識才不會礙事 　這本書！

即日起，詳細填寫本卡各欄，對折免貼郵票寄回，我們每月將抽出一百名回函讀者寄出精美禮物，並享有生日當月購書優惠！

想知道更多更即時的消息，歡迎加入 "永續圖書粉絲團"

您也可以利用以下傳真或是掃描圖檔寄回本公司信箱，謝謝。

傳真電話：（02）8647-3660 　　　　　信箱：yungjiuh@ms45.hinet.net

☺ 姓名： 　　　　　　　　　□男 □女 　　□單身 □已婚

☺ 生日： 　　　　　　　　　□非會員 　　□已是會員

☺ E-Mail： 　　　　　　電話：（ ）

☺ 地址：

☺ 學歷：□高中及以下 　□專科或大學 　□研究所以上 　□其他

☺ 職業：□學生 　□資訊 　□製造 　□行銷 　□服務 　□金融
　　　　　□傳播 　□公教 　□軍警 　□自由 　□家管 　□其他

☺ 您購買此書的原因：□書名 　□作者 　□內容 　□封面 　□其他

☺ 您購買此書地點： 　　　　　　　　金額：

☺ 建議改進：□內容 　□封面 　□版面設計 　□其他

　　 您的建議：

想知道大拓文化的文字有何種魔力嗎？

■ 請至鄰近各大書店洽詢選購。

■ 永續圖書網，24小時訂購服務
www.foreverbooks.com.tw
免費加入會員，享有優惠折扣

■ 郵政劃撥訂購：
服務專線：(02)8647-3663
郵政劃撥帳號：18669219